죽음과 장례의 의미를 묻는다

고독사 시대에 변화하는 일본의 장례문화

고타니 미도리 지음
현대일본사회연구회 옮김

한울
아카데미

〈HITORISHI〉JIDAI NO OSOSHIKI TO OHAKA

by Midori Kotani

Copyright © 2017 by Midori Kotani

First published 2017 by Iwanami Shoten, Publishers, Tokyo

This Korean edition published 2019

by HanulMPlus Inc., Paju-si

by arrangement with Iwanami Shoten, Publishers, Tokyo

이 도서의 국립중앙도서관 출판예정도서목록(CIP)은 서지정보유통지원시스템 홈
페이지(http://seoji.nl.go.kr)와 국가자료공동목록시스템(http://www.nl.go.kr/
kolisnet)에서 이용하실 수 있습니다. CIP제어번호: CIP2019023908(양장), CIP
2019023916(무선)

일러두기

1. 이 책의 각주는 모두 옮긴이주입니다.
2. 51쪽의 '도코노마', '가구형 불단' 사진과 71쪽의 '신궁형 영구차' 사진은 옮긴이
   가 추가한 것입니다.

옮긴이 서문

우리는 모두 태어나서 죽는다. 생로병사는 유한한 생명을 가진 인간의 피할 수 없는 숙명이다. 그렇다면 우리는 어떤 태도로 죽음을 맞이해야 하는가? 일반적으로 죽음에 대해 적극적으로 이야기하는 사회가 건강하다고 한다. 죽음 앞에서 우리는 지금까지의 삶을 진지하게 되돌아보고, 지금 누리고 있는 이 시간들이 얼마나 소중한지를 깨닫게 되기 때문이다. 죽음을 의식하면서 살 때 우리의 삶은 더욱 충실해질 것이다.

잘 알려진 바와 같이 일본은 세계에서 가장 먼저 고령화 현상이 두드러진 나라이다. 65세 이상 고령자의 비율은 2018년에 28.1%였으며, 2055년에는 38.0%가 될 것으로 예상된다. 1990년대 이후 고령자의 사망 건수도 빠르게 증가하고 있다. 연간 사망자 수는 1990년의 82만 명에서 2018년의 137만 명으로 매년 빠르게 증가하고 있는데, 사망자의 대부분은 65세 이상 고령자이다. 평균수명이 연장되어 전체 사망자 중에서 80세 이상 고령자가 차지하는 비율은 2000년의 43.8%에서 2015년의 61.3%로 상승했다. 사망 건수가 빠르게 증가하면서 2009년부터 일본의 총인구는 감소하기 시작했고, 향후 인구 감소 속도는 더욱 빨라져 2055년에 9744만 명이 될 것으로 예측된다.

사망자가 매년 빠르게 증가하는 '다사사회(多死社会)'는 전반적으로 우울해지고 활력을 잃기 쉽다. 죽음을 처리하는 사회적 비용도 많이 든다. 고령자가 살던 빈집이 넘쳐나고 방치된 토지 문제도 심각해질 것이다. 2040년이 되면 일본의 사망 건수는 정점에 이르러 167만 명이 될 것으로 예상된다. 향후 다가오는 본격적인 다사시대에 어떻게 대처해나갈 것인지가 일본의 장래를 크게 좌우하게 될 것이다.

이 책은 다사시대를 맞고 있는 일본의 장례식과 묘에 대한 분석을 통해 죽음과 장례의 근원적인 의미를 묻는다. 우리는 생을 마감할 준비를 어떻게 하고, 또 남은 사람들은 어떤 방식으로 고인을 저 세상으로 보내야 하는가? 사회구성원 모두가 이 세상에서 행복하게 삶을 마감하면서 안심하고 저 세상으로 가기 위해서는 사회적으로 어떤 제도나 시스템이 필요한가?

저자 고타니 미도리(小谷みどり)는 일본에서 장례문화 연구를 선도해 온 이 분야의 권위자이다. 이 책에서 저자는 초고령 국가 일본에서 고독사는 피할 수 없는 문제가 되었다는 점에 주목한다. 이혼이나 사별, 생애미혼이 증가하면서 혼자서 죽음을 맞는 고령자가 빠르게 증가하고 있다. 이제 한 개인이 가족에게 둘러싸여 죽음을 맞는 모습이 더 이상 당연하지 않은, 고독사 시대가 도래하고 있다.

죽음과 장례의 의미를 묻는다

이러한 변화는 장례식에도 그대로 나타나고 있다. 저자에 따르면, 최근 장례식은 규모가 작아지고 가족과 가까운 친족만으로 간소하게 치르는 가족장이 늘고 있다. 또한 장례의식 없이 가족들끼리 하룻밤을 지내고 곧바로 화장을 하는 직장(直葬)도 증가하고 있다. 화장만으로 장례를 끝내는 경우가 도쿄도(東京都)에서는 전체 장례의 약 30%나 된다고 한다. 장수화로 사망 연령이 높아지면서 장례를 치르는 자녀도 고령인 경우가 많고, 친척 간 교류가 감소하며, 지역공동체의 유대가 약화되어 조문객 수가 크게 줄고 있다.

오랜 기간 가족과의 교류가 단절되어 혼자서 쓸쓸히 죽음을 맞는 경우도 증가하고 있다. 가족이나 친족 등의 연고자가 나타나지 않으면 지자체에서는 화장을 하고 일정 기간 유골을 보관하다가 무연고 납골당으로 보낸다. 친족이 있어도 장례 치르기를 거부하거나 유골을 인수하지 않는 경우가 대부분이다. 이러한 사후 처리 비용으로 인해 지자체의 재정 부담은 빠르게 증가하고 있다.

한편 관리되지 않고 방치되는 묘도 급속히 증가하고 있다. 일본은 화장률이 99.9%라고 할 정도로 화장이 보급되어 있는데, 화장한 후 유골을 묘에 매장하거나 납골당에 안치한다. 그런데 가족관계가 소원해지고 세대 간 계승 의식이 약화되면서 아무도 돌보지 않는 무연묘(無緣墓)가 빠르게 증가하고 있다. 묘를 돌봐줄 자손이 없거나 평생 결혼을 하지 않는 사람이 증가하면서 향후 무연묘도 크게 증가할 것으로 예상된다. 인구가 감소하고 있는 지방에서는 지자체가 운영하는 공영 묘지의 절반 또는 그 이상이 무연묘일 정도로 문제가 심각하다.

고독사를 줄이기 위해 일부 지자체에서는 독거 고령자가 저렴한 가격으로 생전에 장의 계약을 맺을 수 있도록 지원하는 프로그램을 운영하고 있다. 요코스카시(横須賀市)는 가장 먼저 이 사업을 시작해, 생활이 어렵고 의지할 친족이 없는 독거 고령자가 저렴한 가격으로 자신이 원하는 형태로 장례를 치를 수 있도록 지원하고 있다. 또한 저렴하게 이용할 수 있는 합동묘나 합동 납골당을 신설하는 지자체도 증가하고 있다.

시민단체나 절이 운영하는 합동묘도 늘고 있다. 한 예로 고령자 생활협동조합에서는 고령자가 지역에서 고립되지 않도록 다양한 교류 모임을 만들고, 합동묘를 조성해 사후에도 회원들이 같은 묘에 들어가는 시스템을 구축하고 있다. 정기적으로 만나 회원끼리 친목을 도모하고, 먼저 저 세상으로 떠난 동료 회원을 추모하는 행사도 한다. 이러한 방식을 통해 자녀에게 부담을 주지 않으면서도 무연묘가 발생하지 않도록 하고 있는 것이다.

최근 일본에서는 환경을 배려해 개별 묘석을 세우지 않는 수목장(樹木葬) 묘지가 증가하는 추세이다. 지자체가 운영하는 공영 묘지에서도 수목장 묘지가 증가하고 있는데, 나무 밑에 수백 구의 유골을 묻는다. 혈연을 넘어선 사람들이 함께 흙

죽음과 장례의 의미를 묻는다

속으로 들어가는 합장형 묘지인 것이다.

그런데 영국이나 스웨덴에서는 이미 수십 년 전부터 환경을
고려해 개별 묘석을 세우지 않고 익명의 묘를 지향하는 움직
임이 시작되었다고 한다. 민네스룬드(Minneslund)라고 불리는
스웨덴의 공동묘지에서 유족은 개별적으로 묘표(墓標)나 기념
물을 설치할 수 없으며, 모두가 함께 이용하는 지정된 위치에
서만 고인을 추모한다. 저자는 이를 가리켜 가족이나 자산의
유무, 생전의 공적에 관계없이 철저하게 죽은 자의 평등성을
중시하는 묘라고 평가한다.

그렇다면 일본에서 향후 장례문화는 어떤 방향으로 나아갈
것인가? 저자는 허례나 체면 요소가 약화되어 남에게 보이기
위한 장례식이 감소할 것으로 전망한다. 또한 자손의 공양을
필요로 하지 않는, 혈연을 넘어선 여러 사람들이 연대와 협력
에 기초해 함께 묘에 들어가는 형태의 공동묘가 더욱 늘어날
것이라고 전망한다.

이처럼 고독사 시대에 빠르게 변화하는 일본의 장례문화는
우리 사회의 장례문화를 생각하는 데에도 많은 시사점을 줄
것으로 생각된다. 한국은 일본보다 더욱 빠르게 고령화가 진
행되고 있으며, 저출산 문제도 훨씬 심각하다. 따라서 가까운
장래에 필연적으로 고독사가 급증하고 무연묘가 넘쳐나는 상
황이 올 것이다. 이런 점에서 우리 사회에서도 자신이 어떻게

생을 마감하고, 죽음을 맞을 것인지, 남은 사람들은 어떤 방식으로 고인을 저 세상으로 보내고 추모할 것인지에 대한 적극적인 논의가 필요하다.

이 책이 우리 사회의 새로운 장례문화를 모색하는 데 많은 도움이 되기를 바란다.

2019년 7월
현대일본사회연구회를 대표하여
정현숙

차례

고독사 시대에 장송은 어디로 가는가

서장

사회가 변하면

죽음도 변한다

나가노현 진구지 절에서의 모의 장례식

고령사회가 가져온 변화

2015년에 일본에서 사망한 사람 중에 80세 이상의 비율은 남성이 50.4%, 여성이 73.0%였다. 마침내 남성 사망자도 80세 이상이 절반을 넘는 세상이 되었다(그림 서장-1).

상당히 오래전부터 '인생 80세 시대'라고 일컬어왔지만, 남성의 경우 80세까지 산다는 것은 그리 쉬운 일이 아니었다. 2000년에 사망한 전체 남성 중에서 80세 이상의 비율은 겨우 33.4%였다. 말하자면 3명 중 2명은 80세가 되기 전에 사망한 셈이다.

최근 20년간 남녀 모두 장수하는 사람이 급증하고 있다. 2015년에는 사망한 여성의 36.0%가 90세 이상이었다. 여성의 경우에는 '인생 90세가 당연하다'는 시대가 목전에 와 있다.

그러나 길어진 '노후'가 우리들의 라이프스타일에 커다란 영향을 미치고 있는 점을 부정할 수 없다. 예를 들면 일본 후생노동성(厚生勞働省)의 「개호보험사업 상황 보고」에 따르면, 2016년 3월 말 시점에 '요개호(要介護) 인정' 등급을 받은 사람은 620만 명으로 최근 10년간 200만 명 가까이 증가했다.*

---

* 개호(介護)는 우리말의 '간병'에 해당한다. 일본에서는 급속한 고령화에 대응하기 위해 2000년부터 사회보험제도로서 개호보험을 시행했는데, 간병이 필요한 정도에 따라 요지원(要支援) 1~2등급, 요개호 1~5등급으로 구분한다. 요개호 등급을 받은 다수가 치매 환자이다.

80세 이상 · 90세 이상 사망자의 비율   (단위: %, 년)

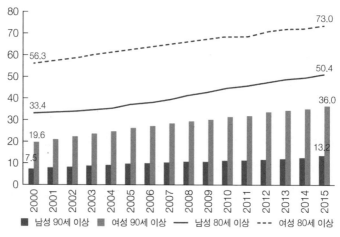

자료: 일본 후생노동성, 「인구동태통계」(각 연도).

2012년에 462만 명이었던 치매 환자가 2025년에는 약 700만 명으로 5명 중 1명이 치매 환자가 될 것이라는 추계도 있다(일본 내각부, 2016년판 『고령사회백서』). 후쿠오카현(福岡県) 히사야마마치(久山町)에서는 규슈대학(九州大学)이 중심이 되어 1985년부터 치매 환자에 대한 역학조사가 이루어지고 있다. 그 결과에 따르면 65세부터 69세까지의 치매 발생률은 남성이 1.94%, 여성이 2.42%밖에 안 되지만, 80세가 넘으면 그 비율이 높아지고, 85세 이상에서는 여성의 60% 정도가 어떤 형태로든 치매 증상을 보인다고 한다(그림 서장-2).

간병이 필요하거나 치매를 앓는 사람들이 늘어나기 시작한

연령별 치매 환자 발생률(후쿠오카현 히사야마마치)   (단위: %)

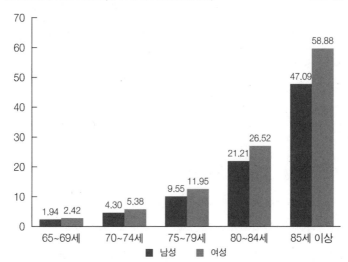

자료: 「일본 치매 고령자 인구의 장래 추계에 관한 연구」(2014년도 일본 후생노동과학연구비 보조금 특별연구사업).

것은 인생 80세, 90세의 사회가 되었기 때문이다.

또한 장수하게 되면 경제적인 불안도 커진다. 후생연금의 전액지급 개시연령이 늦추어지면서 정년이 되어도 생활비를 마련할 길이 없는 사람이 늘고 있다. 2013년에는 정년을 앞둔 사원이 희망할 경우, 기업이 65세까지 계속 고용하도록 하는 의무를 부과한 '개정 고연령자 고용안정법'이 시행되었다.

그러나 총무성의 「가계조사연보」에 따르면, 2014년에 1세대(世帶)당 월평균 실수입은 세대주가 55~59세인 '정년 전'에는 56만 8000엔이지만, 정년 후인 '재고용 기간'에는 39만

3000엔으로 '정년 전'의 70%밖에 되지 않는다. 그나마 일자리가 있다면 다행이지만, 일자리가 없으면 생활비를 마련하기가 더욱 어려워진다. 세대주가 65~74세인 무직 세대에서는 1세대당 월평균 실수입이 21만 1000엔인 데 반해 소비지출은 25만 8000엔이나 되어 매월 적자이다. 이 적자분은 예금이나 개인연금 등의 금융자산을 헐어서 충당할 수밖에 없다. 노후가 길어지면 금융자산이 바닥나지 않을지 불안을 느끼는 고령자가 늘어나는 것은 당연하다.

이러한 상황에서 앞으로 얼마나 더 살게 될까? 그때까지 생활자금은 충분할까? 등의 노후에 대한 불안은 장수사회가 되면서 커지고 있다. 한편, 실제로 일어날 수 있는 리스크에 어떻게 대비할 것인지를 고민하는 분위기도 고조되고 있다.

종활 붐인가

노후에 직면하는 커다란 문제 중 하나가 '노화(老), 질병(病), 죽음(死)'에 대한 대처이다. 이들 문제에 대해 '개호가 필요해지면 어디서 어떤 개호를 받고 싶은가?', '완치될 가망이 없는 병에 걸렸을 때 그 사실을 알고 싶은가?', '수명이 얼마 남지 않았다는 사실을 알려주길 원하는가?', '어디서 임종을 맞고 싶은가?', '어떤 장례식을 원하는가?' 등을 건강할 때 생각해 두는

죽음과 장례의 의미를 묻는다

것이다.

실제로 개호나 죽음을 맞는 방식, 장례식이나 묘의 문제에 이르기까지 인생을 어떻게 마감할 것인지를 미리 생각하고 준비해 두자는 풍조가 확산되고 있는 듯하다. 수년 전 ≪주간아사히(週刊朝日)≫가 이를 종말활동(終末活動)이라는 의미에서 '종활(終活)'이라고 명명하여, '죽음'을 연상시키지 않는 친근감 있는 단어가 되어 항간에 퍼졌다. 2012년 유행어 대상의 후보에 올랐던 일도 기억에 새롭다.

그러나 어느 인터넷 리서치사가 2016년 11월에 60대와 70대 남녀 1000명을 대상으로 실시한 조사에서 '종활에 해당하는 일'을 이미 하고 있다고 응답한 사람은 9%밖에 되지 않았다. 종활이란 단어가 시민권을 얻은 것에 비해 실제로 자신의 죽음을 맞이할 준비를 하고 있는 사람은 매우 적다. 한편 "때가 되면 준비하고 싶다"라고 응답한 사람은 56%였다. 그렇지만 도대체 그 '때'란 '언제'를 말하는 것일까?

어떻게 하고 싶은지 자신의 희망이나 생각이 있고, 때가 되어 종활을 하려고 마음먹었다면, 몸 상태가 나빠졌을 때나 병명을 고지받았을 때가 아니라 건강할 때 미리 생각해서 가족이나 주변 사람들에게 본인의 의사를 전해 두어야 하지 않을까 생각한다.

그렇지만 '언젠가 하려고 마음은 먹고 있지만 아직은 이르다'라는 것이 많은 사람들의 생각일 것이다. 그렇다면 왜 '종활'이 빈번히 일컬어지게 된 것일까?

새로운 사업 기회로

누구에게나 그리고 어느 시대에나 자신의 죽음은 한 번뿐이
다. 사망자가 증가하는 다사사회(多死社會)는 개개인과 직접
적인 관계는 없고, 다사사회이기 때문에 종활에 관심을 갖는
사람이 늘어난 것은 아니다. 오히려 지금까지 부정적인 이미
지로 인식되어 온 '죽음'을 '종활'이라는 말로 바꿈으로써 다사
사회를 사업 기회로 삼아 기업들의 장의업계 진출이 활발해지
면서 고객 확보 경쟁이 치열해진 기업들이 종활 붐을 견인해
왔다고 할 수 있다.

가령 전철 기업인 한큐한신토호(阪急阪神東宝) 그룹의 한큐
미디악스(Hankyu Mediax)가 1997년에 장례식장을 개설한 것
을 시작으로 게이큐(京急) 전철의 게이큐메모리얼(Keikyu Me-
morial), 도부(東武) 전철의 도부세리머니(Tobu Ceremony), 도
큐(東急) 전철의 세이와라이프서비스(Seiwa Life Service), 난카
이(南海) 전철의 그리프서포트(Grief Support) 등이 설립되었다.

도쿄를 대표하는 극장의 하나로 유명한 메이지좌(明治座)도
2003년에 도쿄도(東京都) 내 화장장과 가까운 곳에 장례식장을
개설했다. 생화 전문업체인 히비야화단(日比谷花壇)은 2004년

죽음과 장례의 의미를 묻는다

에 생화 제단 장의 서비스 사업을 시작하여 2006년부터는 지정 관리자로서 도쿄도 아오야마(靑山) 장례식장의 관리·운영을 맡고 있다.

호텔업계에서도 1995년에 사망한 뉴오타니호텔(New Otani Hotels) 회장의 고별식(告別式)을 계기로 초일류 호텔들이 일제히 일반인을 대상으로 추도식을 적극적으로 제안하고 있다.

생협(생활협동조합)이나 JA(농업협동조합: Japan Agricultural Cooperatives)가 장제업(葬祭業)을 시작한 것은 1990년대인데, 2000년 이후에는 일반 기업의 장의나 묘지 중개업 진출이 두드러진다. 2009년에 진출한 대형 유통회사 이온(Aeon)도 그중 하나이다. 온라인을 통해 전국에 일률적인 요금으로 장의를 중개하는 회사도 등장했다.

묘지의 경우에도 민간에서 잇달아 도시 외곽에 대규모 추모 공원을 개발하는가 하면, 유골을 뿌리는 산골(散骨) 서비스업에 진출하는 업자, 유골을 액세서리로 가공하거나 자택 안치용 납골용기를 판매하는 업자도 증가하고 있다.

장례업자나 묘지업자는 이전부터 장례식장이나 묘지 견학, 사전 상담회 등을 적극적으로 개최하여 고객 확보를 도모해 왔다. 최근 시민을 대상으로 장의나 묘지뿐만 아니라 상속이나 유언, 간병 등 종말기와 관련된 여러 업종을 한자리에 모은 이벤트가 여기저기서 개최되고 있다. 엔딩노트나 전문 정보지가 연달아 출판되는가 하면 임의후견계약이나 유언 작성에 관여하는 법무사나 행정사도 활발하게 종활 세미나를 개최하고 있다. 장제업자와 제휴하여 여러 곳의 공원묘지나 산골장을 하루에 돌아볼 수 있는 버스투어를 기획하는 여행사도 있다.

이런 점에서 '종활'이라는 이름으로 다사사회를 비즈니스 기회로 삼아 각종 기업이 적극적으로 시장에 진출하거나 영업을 할 수 있게 된 측면이 크다. 바꾸어 말하자면 인간의 죽음이나 최후와 관련된 기업들이 지금까지의 '기다리는 영업'에서 '찾아가는 영업'으로 전환한 것이다. 최근 수년간의 동향은 소비자의 종활 수요나 관심이 높아지고 있다기보다는 장의나 묘지를 중심으로 그 외에 신탁은행, 개호 서비스 사업자, 유품 정리업자, 법률전문가, 자격증 관련 사업 등 여러 업종의 사업자들이 당당하게 광고를 할 수 있게 되었다고 보는 쪽이 더 실태에 맞을 것이다.

가족이 변했다

건강할 때 죽음에 대해 생각해 보자는 경향이 나타나기 시작한 것은 1990년대 이후의 일로 최근에 시작된 것은 아니다. 예전에는 사후의 일은 유족들이 생각해야 할 문제로, 죽어가는 당사자가 생각한다는 발상은 거의 없었다. 이 배경에는 무엇이 있을까?

죽음과 장례의 의미를 묻는다

누구라도 자립할 수 없게 되면 누군가의 손을 빌리지 않으면 안 된다. 지금까지는 인생의 종말기부터 사후까지의 절차나 작업은 가족과 자손이 감당해야 하는 것으로 여겨왔다. 그러나 가족 형태와 주거 방식이 다양해지고 가족이나 자손만으로는 감당할 수 없는 상황이 생기고 있다.

일본 후생노동성의 「국민생활기초조사」에 따르면, 65세 이상 고령자가 있는 세대 중에서 3대가 함께 사는 세대가 차지하는 비율은 1980년에는 50.1%였으나 2015년에는 12.2%까지 감소했다. 반면 부부 둘이 살거나 혼자 사는 고령자가 절반을 넘어 고령자의 핵가족화가 진행되고 있다. 아울러 일본 국립사회보장·인구문제연구소의 2014년 추계에 따르면, 2035년 도쿄에서는 세대주가 65세 이상인 세대 중에서 44.0%가 혼자 사는 세대라고 한다.

이처럼 독거 고령자가 증가하는 것은 이혼이나 사별, 미혼 등으로 배우자가 없는 사람이 증가하기 때문이다. 50세 시점에 한 번도 결혼한 적이 없는 사람의 비율을 나타내는 생애미혼율은 2015년에 남성은 23.4%, 여성은 14.1%였다(그림 서장-3). 1990년 이후 남성의 생애미혼율은 급증하고 있다. 1990년에 50세였던 사람이 2015년에 75세가 되었다. 수년 전부터 미혼 남성이 잇달아 75세 이상의 후기고령자 대열에 합류하고 있다.

한편 50세가 넘어서 이혼하는 사람들도 1990년 이후 급증하고 있다. 특히 1990년부터 2000년까지의 증가율은 300% 가

생애미혼율 상승

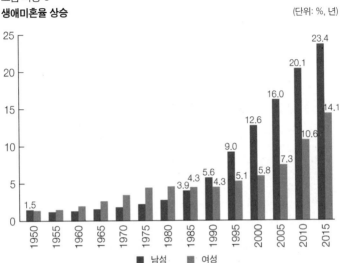

자료: 일본 국립사회보장·인구문제연구소, 「인구통계자료집」(2017년판).

까이 되어 황혼이혼의 증가는 최근 20년 동안에 나타나는 경
향이다.

부부 둘이 살거나 혼자 사는 고령자는 '따로 사는 자녀들에
게 폐를 끼치고 싶지 않다'거나 '본래 기댈 수 있는 가족이 없
다'는 문제에 직면하고 있을 가능성이 크다.

누구에게 의지할 것인가

3세대 동거가 당연시되었던 시대에는 시부모나 남편의 간

병에 헌신한 여성을 표창하는 제도가 일반적이었다. 예를 들면 고치현(高知県)에서는 "오랜 세월 노인을 간병하여 그 헌신적인 행동이 타의 모범이 되는 며느리를 표창하고 이를 칭송하여 그동안의 노고에 보답함과 더불어 주민들의 경로의식을 높인다"라는 목적으로 1970년부터 1985년까지 '모범 며느리'를 표창하고, 1986년부터 1993년까지 '우수간병가족'을 표창했다.

1984년에는 시즈오카현(静岡県) 이나사초〔引佐町, 현재 하마마쓰시(浜松市)〕에서 '효부현창(顯彰) 조례'가 시행된 것을 계기로 1998년까지 3235개 지자체 중 977개 지자체에서 표창제도가 있었다. '모범 며느리'로 표창을 받는 조건은 '며느리'에 한정되고, '직장을 다니지 않을 것'과 '외부 서비스를 이용하지 않을 것'이었다. 현재도 많은 지자체에서 간병가족을 표창하는 제도가 있지만 개호보험 등의 '외부 서비스를 이용하지 않을 것'이 전제가 되고 있다.

그러나 3세대 동거가 감소한 2015년에는 유배우자 여성의 51.4%가 직장을 다니고 있다. 이런 상황에서 노부부 두 명뿐이거나 혼자인 경우에는 만일을 대비하지 않으면 안 되는 상황이다.

일본 후생노동성의 「국민생활기초조사」(2013년)에 따르면 요지원 또는 요개호로 인정을 받은 사람과 같이 거주하는 간병인 가운데 남성의 69.0%, 여성의 68.5%가 60세 이상이다.

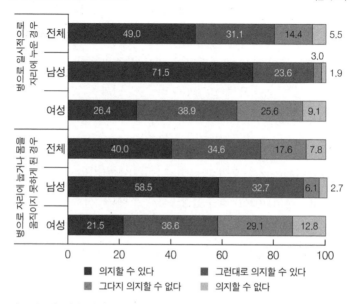

그림 서장-4
배우자에게 의지할 수 있는가   (단위: %)

		의지할 수 있다	그런대로 의지할 수 있다	그다지 의지할 수 없다	의지할 수 없다
병으로 일시적으로 자리에 누운 경우	전체	49.0	31.1	14.4	5.5
	남성	71.5	23.6	3.0	1.9
	여성	26.4	38.9	25.6	9.1
병으로 자리에 눕거나 몸을 움직이지 못하게 된 경우	전체	40.0	34.6	17.6	7.8
	남성	58.5	32.7	6.1	2.7
	여성	21.5	36.6	29.1	12.8

자료: 일본 제일생명경제연구소(2014년 조사).

이른바 노인이 노인을 개호하는 '노노개호(老老介護)'이다. 간병이 필요해지면 아내가 간병해 줄 것이라고 믿고 있는 남성이 많은데, 실제로 아내가 간병인이 되는 비율은 전체의 18%에 지나지 않는다. 남성의 사망 연령이 높아지고 있어서 간병이 필요해질 무렵이면 아내도 이미 고령이 된다.

아내가 남편보다 먼저 간병이 필요해지는 경우도 있다. 그러나 남편의 간병을 받지 않으려는 여성이 많다. 필자가 2014년에 60대와 70대의 기혼자를 대상으로 조사한 결과를 보면

죽음과 장례의 의미를 묻는다

병으로 자리에 누운 경우나 간병이 필요하게 된 경우, 배우자
에게 "의지할 수 있다"라고 응답한 여성이 남성에 비해 적었다
(그림 서장-4).

이런 점에서 종활에 대한 관심이 높아진 배경에는 자기다운
생의 마감을 생각하게 되었다기보다는 가족의 형태가 다양화
해짐에 따라 스스로가 미리 생각하고 준비해 두지 않으면 안
되는 시대가 되었다는 점이 크다.

종말기 의료의 고도화

일본은 평균수명이 세계에서 가장 긴 나라로 알려져 있다.
그러나 "건강하게 장수할 수 있는가?" 라고 묻는다면 이야기
는 달라진다.

일본 후생노동성의 「국민생활기초조사」(2013년)에 따르면,
75세 이상의 절반 이상이 질병이나 부상 등으로 인한 자각증
상을 호소하며, '요개호 인정'을 받지 않았는데도 일상생활에
불안을 느끼는 사람들이 많다.

세계보건기구(WHO)의 2016년 통계에 따르면, 건강상의 문
제로 일상생활에 제한을 받지 않고 생활할 수 있는 기간을 의
미하는 '건강수명'은 일본인이 74.9세로 세계 1위였다. 그러나
일본 후생노동성의 '간이생명표'를 보면 2015년에 75세인 사

람들의 평균 여명(余命)은 10년 이상이나 된다. 이 기간은 줄곧 누워있는 상태는 아니더라도 다소 다른 사람의 도움을 받거나 의료나 개호 서비스를 받지 않으면 생활할 수 없다.

더욱이 의료가 고도화되고 연명 기술은 나날이 발전하고 있다. 그렇지만 자신이 앞으로 어떻게 살아갈 것인지를 생각할 때 이러한 상황을 본인이 반드시 원한다고는 할 수 없다.

2016년 초에 "죽을 때만이라도 나 스스로 선택하게 해달라"라는 캐치프레이즈로 여배우를 기용한 어느 출판사의 기업 광고가 화제가 되었다. 이 광고에는 "사람은 반드시 죽는데 생명을 연장하는 기술만이 진화해 참으로 죽기도 힘든 세상이 되었네요"라는 문구도 있었다.*

2013년에 정부의 사회보장제도개혁국민회의가 정리한 보고서에서는 의료·개호분야 개혁의 하나로 "생의 마지막 순간이 오면 보다 납득하고 만족할 수 있는 최후를 맞을 수 있도록 지원할 것, 즉 죽음이라는 운명에 처한 인간의 존엄사를 염두에 둔 QOD(Quality Of Death)를 높이는 의료"를 생각해야 할 필요성을 제시했다.

그렇다면, QOD란 무엇인가? 유럽과 미국에서는 20여 년

---

* 다카라지마사(宝島社)가 제작한 기업 광고로 2016년 1월 5일 4개 일간지에 게재되었고, 2016년 요미우리 광고대상(読売広告大賞)에서 그랑프리를 수상했다. "죽을 때만이라도 나 스스로 선택하게 해달라(死ぬときぐらい好きにさせてよ)"라는 카피가 화제를 낳았다.

전부터 환자의 입장에서 바람직한 죽음이란 무엇인지에 대한 논의가 이루어져 죽음의 고통을 완화시키는 '완화 의료'에 대한 방안이 검토되었다. 예를 들면 미국의학연구소(Institute Of Medicine)의 '종말기 돌봄에 관한 의료위원회(The Institute of Medicine Committee on End-of-Life Care)'는 QOD를 "환자나 가족의 희망에 부응하고, 임상적·문화적·윤리적 기준에 합치하는 방법으로 환자와 가족, 간병인이 고민이나 고통으로부터 해방되는 죽음"이라고 정의한다.

자기다운 생의 마감이란

최근 들어 '자기다운 생의 마감'이라는 테마가 인생 최종 단계의 의료를 어떻게 할 것인지의 관점에서 주목받고 있다. 예컨대 지바현(千葉県) 건강복지부 건강복지정책과에서는 '마지막 순간까지 나답게 산다'라는 동영상을 제작하여 현민들에게 무상으로 대여해 주고 인터넷 방송국에서도 공개하고 있다. 지바현은 동영상을 제작한 목적에 대해 "종말기 의료의 방향을 고려할 때 참고가 되는 정보를 정리해 제공함으로써 고령자나 그 가족이 자기다운 최후를 맞는 방안에 대해 생각하고 이야기를 나눌 수 있는 환경을 정비하고 싶다"라고 했다.

건강할 때 생애 마지막 단계의 의료에 관한 본인의 희망을 작성해 둘 것을 고령자들에게 제안하는 지자체도 생기고 있다. 아이치현(愛知県) 한다시(半田市)에서는 '사전의료지시서'를 작성하는데 본인을 대신해서 의료나 케어를 판단하거나 결정해 줄 사람의 연락처나 연명의료의 가부 등에 관해 본인의 사를 미리 기입해 두는 서류이다. 니가타현(新潟県) 미쓰케시(見附市)가 작성한 것을 필두로 요코하마시(横浜市)의 이소고구(磯子区)와 세야구(瀬谷区), 오사카부(大阪府) 사카이시(堺市), 나가노현(長野県) 스자카시(須坂市), 시가현(滋賀県) 모리야마시(守山市), 미야자키시(宮崎市) 등에서도 지자체가 독자적으로 제작한 '엔딩노트'를 주민에게 무료로 배포하고, 죽음을 어떻게 맞고 싶은지에 대해 사전에 의사표시를 하도록 하고 있다.

그렇다고는 하지만 건강할 때 죽음에 대해 이야기를 나누거나 생각하는 사람이 많지는 않다. 일본 후생노동성이 2013년에 실시한 「인생 마지막 단계에서의 의료에 관한 의식조사」에서는 "당신은 자신의 죽음이 가까워졌을 때, 받고 싶은 의료나 받고 싶지 않은 의료에 대해 가족과 어느 정도로 이야기를 나누었는가?"라는 질문에 "전혀 이야기를 나눈 적이 없다"라고 응답한 사람이 55.9%나 되었다.

가족이나 주변 사람과 이야기를 해둘 필요가 있는 이유는 환자 본인의 생각과 가족의 의향이 반드시 같다고 할 수 없는 경우가 있기 때문이다. "본인은 연명의료를 원하지 않지만, 가

죽음과 장례의 의미를 묻는다

족의 입장이 되면 이야기가 달라진다"라고 하는 사람이 적지 않을 것이다. "죽을 때만이라도 내 뜻대로 하게 해달라"라는 바람은 인생 최종 단계의 의료 행위에 대한 메시지인 동시에 가족이나 주변 사람에 대한 메시지일지도 모른다.

인생 최종 단계의 의료에 대해 건강할 때 미리 생각해 두는 것도 중요하지만, 현재 의료 수준으로는 나을 가망이 없는 환자나 그 가족의 입장에서는 인생 최종 단계에 이를 때까지의 '삶의 질(QOL: Quality Of Life)'도 중요하다. 어디서 어떤 생활을 하고 싶은지를 아직 건강할 때 의료진과 상담하면서 장래에 일어날 수 있는 상황 변화에 대비해 치료나 요양 방침을 정해두는 '사전 돌봄계획(ACP: Advance Care Planning)'도 환자의 QOD에서 빠질 수 없다.

연명치료의 가부를 둘러싼 의료 방안의 선택뿐만 아니라 환자가 인생에서 가장 소중히 여기는 것, 남은 시간 동안 하고 싶은 것, 걱정이나 불안 등도 의료진이나 가족 등 주변 사람들과 공유하는 것이 ACP의 특징이다. 증상의 진행에 따라 환자나 가족의 심경은 변화하지만 정기적으로 커뮤니케이션을 취함으로써 환자와 의사소통이 불가능해져도 환자의 의사를 최대한 존중하려고 하는 시도가 확산되고 있다.

얼마 남지 않은 생을 어떻게 마감할 것인가? 죽을 때만이라도 원하는 대로 할 수 있는 환경을 만들려면 어떤 식으로 살고 어떤 식으로 최후를 맞고 싶다는 본인의 의사가 있어야 한다.

우리 각자가 어떻게 살고 어떻게 죽음을 맞이할지를 생각할 필요가 있다.

마찬가지로 장례식이나 묘지에 대해 생각해 두는 일도 중요하다. 자신의 일이지만 스스로 처리할 수 없는 이상 누군가에게 맡기지 않으면 안 되기 때문이다. 이 책에서는 가족이나 혈연이 아닌 새로운 공동성을 추구하는 움직임에 대해 소개하고, 누구에게 사후를 맡길 것인지의 문제에 대해 생각해 보고 싶다.

제1장

현재

일어나고 있는 일

오사카부 이바라키시 시영 장례식에서 사용되는 제단

화장장이 부족하다

많은 사람이 사망하는 다사사회에 돌입하면서 "향후 화장장이 부족해지는 것은 아닐까?"라는 이야기를 자주 듣는다. 사망자가 증가하는 겨울철에는 화장하기까지 일주일이나 기다렸다는 유족의 체험담도 있다. 과연 화장장은 정말로 부족한 것일까?

요코하마시에는 시영(市營) 화장장 4곳과 민영 화장장 1곳이 있다. 홈페이지에서 누구나 확인할 수 있는 시영 화장장의 예약 상황을 보면, 화장일까지 4~5일을 기다리지 않으면 안 되는 상황이기는 하지만 일주일이나 기다려야 하는 상황은 필자가 조사한 바로는 거의 없었다. 마찬가지로 하치오지시(八王子市)에서는 오전 9시 30분에 시작하는 화장이라면 예약이 가능한 경우가 많다.

그러나 '묘지 및 매장 등에 관한 법률'〔이하 묘매법(墓埋法)〕제3조에는 "매장 혹은 화장은 다른 법령에 별도의 규정이 없는 한 사망 혹은 사산(死産) 후 24시간이 경과하지 않으면 이를 행해서는 안 된다"라고 되어 있어 사후 24시간 이내의 화장은 금지되어 있다.

가령 오늘 15시에 사망했다고 하면 다음 날 15시 이후가 되지 않으면 화장할 수 없는데, 하치오지시의 화장장에서는 마지막 화장 개시 시간이 14시 30분이므로 이 경우에는 다음 날 화장할 수가 없다. 즉 14시 30분 이후에 사망하면 빨라야 다다음 날 9시 반에 예약할 수밖에 없으므로 결과적으로 이틀 밤을 기다리게 된다. 만약 그날이 화장장 휴업일이라면 다시 또 하룻밤을 기다려야 하는데, 단순히 생각하더라도 휴업일 다음 날엔 평소보다 두 배의 예약이 들어오기 때문에 이미 예약이 차 있는 경우도 있을 수 있다. 요코하마시에서는 도모비키(友引)날*은 휴업일이기 때문에 우연히 그날과 겹치면 화장 예약이 4~5일 미루어지는 경우도 있다.

또한 아침 9시 반 화장을 예약한 경우, 하치오지시에서는 화장장과 같은 부지에 있는 시영 장례식장을 이용할 수 없다. 낮 12시 반에 화장하는 경우에만 오전 10시 반부터 11시 반까지 장례식장을 이용할 수 있다는 조건이 있기 때문이다. 아침 9시 반에 시작하는 화장이라면 별도의 장례식장에서 출관(出棺)을 해야 하는데, 화장장까지의 이동시간을 고려하면 사실상 출관 전에 고별식을 하기가 어렵다.

이런 점들이 '화장장을 예약하기가 정말 어렵다', '며칠씩이나 기다렸다'는 상황에 이르게 만든 것이다. 정확히 말하자면 '원하는 시간대에 예약하기가 어렵다'는 것이지, 화장장을 예약하는 것 자체가 어려운 것은 아니다. 만약 참석자가 가족 몇 명

---

* 도모비키날이란 조문객을 죽음으로 이끈다는 속설이 있는 날을 말한다. 자세한 설명은 제2장에 있다.

죽음과 장례의 의미를 묻는다

뿐이고 화장만으로 끝내는 경우에 아침 9시 반 화장을 선택한
다면 며칠씩이나 기다려야 하는 상황은 거의 발생하지 않는다.

장례식장이 바뀌고 있다

"화장장이 붐벼서 바로 예약이 안 된다"라는 설명을 유족이
장의사에게서 듣는 경우가 많다. 대부분 화장 일정이 정해지
지 않으면 철야나 고별식 날짜도 정할 수 없다. 화장장은 예약
했는데 장례식장을 예약하지 못하는 경우도 적지 않다. 화장
장 내에 병설된 장례식장은 유족들이 이동하기 편리한 데다
영구차가 교통체증에 걸리는 일도 없어서 인기가 있다.

그러나 화장장 병설의 장례식장은 그 수가 한정되어 있다.
사이타마시(さいたま市)의 경우, 화장은 오전 9시부터 오후 3
시까지 1시간 간격으로 각각 시신을 3구까지, 1일 최대 21구
를 수용할 수 있는데, 병설 장례식장은 3개밖에 없다. 앞에서
언급한 하치오지시에서는 병설 장례식장을 이용할 수 있는 낮
12시 반에 시작하는 화장은 6구까지 수용할 수 있으나 장례식
장은 2개밖에 없다. 따라서 화장장 병설 장례식장을 이용하려
면 자연히 화장 날짜가 늦어질 수밖에 없다.

그렇다면 장례식장이 모자라는 것일까? ≪월간 퓨너럴 비즈
니스(Funeral Business)≫에 따르면, 1980년대에는 장례식장이

전국에 1000곳이 안 되었지만 1990년대 이후 계속 증가하여 2014년에는 7739곳이나 있다고 한다.

장례식장이라 해도 수용할 수 있는 인원은 다양하다. 앞서 말한 하치오지시의 화장장 병설 장례식장은 각각 80인용과 150인용이다. 사이타마시의 병설 장례식장은 75인용과 100인용, 도쿄도의 미나토구(港区), 시나가와구(品川区), 메구로구(目黒区), 오타구(大田区), 세타가야구(世田谷区)가 공동으로 운영하는 린카이사이조(臨海齊場) 장례식장은 70인용인데 저명인사의 장례식이 많이 행해진다. 도쿄도가 운영하는 아오야마장례식장(青山葬儀所)은 300명까지 수용할 수 있다.

지자체에 따라서는 지역 주민의 장례식 비용을 줄이기 위해 지정 장의사에서 염가로 장례식을 치를 수 있는 시민장이나 시영장(市營葬) 제도를 마련하고 있다. 오사카부 이바라키시(茨木市)에는 시영장을 이용하는 경우에만 사용할 수 있는 공영 장례식장이 있다.

일전에 필자의 동료는 50인용의 장례식장에서 모친의 장례를 치렀는데, 참석자는 가까운 친족 10명 정도여서 식장이 너무 컸다고 한다. 이처럼 가족끼리만 장례식을 치르고자 하는 요구가 최근 수년간 높아지고 10~20명 정도의 소규모 장례식장이 증가하고 있다.

소규모 인원이 들어갈 수 있는 식장이라면 장의사가 운영하는 장례식장일 필요는 없다.

죽음과 장례의 의미를 묻는다

가가와현(香川県) 다카마쓰시(高松市)에 있는 도쿠조지(德成寺) 절에서는 다카마쓰시가 만든 시민장 제도를 활용하여 기본 요금(13만 엔, 23만 엔)과 답례품 등의 실비 외에 식장 사용료 10만 엔, 보시 금액 17만 5000엔의 투명한 회계로 가족장을 실시하고 있다. 신도들에게 매월 우송하는 사찰 소식지에도 절에서 장례를 치를 수 있음을 알리고, 사전에 절과 상담할 것을 권유하는 한편, 절에 친근감을 가질 수 있도록 매월 '신도 서비스데이' 행사를 마련해 콘서트와 '종활 세미나'를 개최하고 있다.

혈연관계가 없는 사람들이 함께 묻히는 영구공양묘를 가장 먼저 조성한 것으로 유명한 니가타시(新潟市)의 묘코지(妙光寺) 절에서는 10여 년 전에 신도들의 요청으로 20~30명 정도가 참석할 수 있고 유족이 숙박할 수 있는 시설을 만들었다.

가족만이라면 자택에서 장례를 치르는 것도 가능하다. 필자의 지인은 만년을 양로원에서 지낸 부친을 위해 마지막은 자택에서 화장장으로 보내드리기를 원했다. 가족은 아들과 손주까지 모두 합해 10명뿐이어서 자택에서 장례를 치렀다. 방안 가득히 꽃을 장식하고 승려의 독경 후에는 거실 식탁에 둘러앉아 식사를 했다. 관이 자택으로 들어올 수 있을지 사전에 장의사가 와서 확인하는 등의 준비가 필요했지만 느긋하고 편안한 분위기에서 고인과 이별할 수 있어서 좋았다고 한다.

거품경기* 시기에는 조문객이 많아서 큰 식장이 아니면 참석자가 들어갈 수 없었지만, 요즘처럼 10~20명 정도로 적어진다면 장례식장이 따로 없는 절이나 자택에서도 할 수 있다.

장례식의 고별식화

필자가 2012년에 실시한 조사에 따르면, 자신이 원하는 장례식에 대해 "친척과 친한 친구만 참석하는 장례식"이라는 응답은 33.1%, "가족만 참석하는 장례식"이라는 응답은 30.3%로, 이 둘을 합하면 60% 이상이 가족 중심의 장례식을 희망했다. 한편 "종래의 방식대로 행하는 장례식"이라는 응답은 9.0%에 머물렀다(그림 1-1).

그렇다면 장례식이란 어떤 의식이라고 생각하는지를 물었더니, 가장 많았던 응답은 "고인과 이별하는 의식"으로 68.5%를 나타냈고, 그다음으로 "고인의 명복을 비는 의식"이라는 응답이 24.6%였다.

여기에서 장례식의 흐름을 설명하면 다음과 같다.

일반적으로 사람이 죽으면 철야를 하고 그다음에 장의식(葬儀式)과 고별식을 한다. 장의식이란 종교적인 의식을 가리킨다. 불교에서는 승려가 독경을 하는 시간, 기독교에서는 신부

---

* 1985년 9월 22일 뉴욕 플라자호텔에서 선진 5개국(G5) 재무장관이 모여 달러 강세 완화에 합의했다. 이후 일본은 엔화의 평가절상으로 인해 1986년 12월~1991년 2월까지 51개월 동안 호황이 지속되었으며 자산 가격이 상승했다.

그림 1-1
장례식 규모

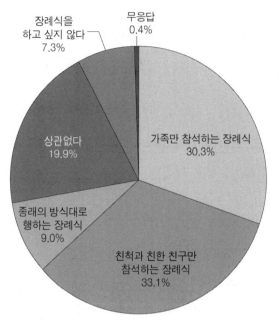

자료: 일본 제일생명경제연구소(2012년 조사).

나 목사가 성경을 낭독하고 설교를 하는 시간이 장의식에 해당한다.

한편 고별식은 참석자가 고인과 작별을 고하는 의식을 말한다. 본래 고별식은 종교색과는 무관하지만, 최근에는 장의식과 동시에, 혹은 연이어서 행해지기 때문에 불교에서는 분향, 기독교에서는 헌화, 신도(神道)에서는 비쭈기나무를 바치는 다마구시호덴(玉串奉奠) 의식으로 고별식을 행하는 경우가 많다. 이전에는 이러한 일련의 의식을 '장의·고별식'이라고 불렀지만 최근에는 NHK 뉴스에서도 저명인사의 장례식에서 승려가 독경하고 있는 장면을 '고별식'이라고 표현하게 되었다.

장례식의 의식 순서는 지역에 따라 다르다. '철야 → 장의·고별식 → 출관 → 화장'이 일반적이지만 도호쿠(東北) 지방과 홋카이도(北海道), 고신에쓰(甲信越)의 일부, 주고쿠(中國) 지방, 규슈(九州) 지방의 일부에서는 '철야 → 출관 → 화장 → 장의·고별식'의 순서로 행한다.* 후자의 경우 장의식과 고별식에서는 시신이 아닌 화장한 유골이 제단에 안치되기 때문에 '골장(骨葬)'이라고 부른다.

이야기를 되돌리자면 장례식을 '고인의 명복을 비는 의식'이라기보다는 '고인과 이별하는 의식'이라고 생각하는 사람이 많은 것은 장례식의 고별식화를 보여주는 것이다. 최근에는 '특별히 불교를 믿는 것은 아니기 때문에 승려의 독경은 필요 없다'라고 생각하는 사람이 적지 않다.

앞서 제시한 필자의 조사에서는 자신의 장례식을 "종교색이 있는 형식"으로 하고 싶다는 사람은 16.4%밖에 되지 않았다. 반면 "특별히 얽매이지 않는다"라고 답한 사람이 50.5%, "종교색이 없는 형식"을 희망하는 사람이 25.5%나 되어 종교색이

---

* 고신에쓰는 혼슈 중부에 있는 야마나시현(山梨県), 나가노현, 니가타현(新潟県)을 말한다. 주고쿠 지방은 혼슈 서부에 있는 오카야마현(岡山県), 히로시마현(広島県), 야마구치현(山口県), 돗토리현(鳥取県), 시마네현(島根県)을 말한다.

　　　　　　　　　　　　죽음과 장례의 의미를 묻는다

있는 형식을 희망하는 사람을 크게 웃돌았다.

그렇지만 일본에서는 장례식의 약 90%가 불교식으로 행해지고 있다. 장례식에 참석하거나 유족으로서 장례식을 치를 경우, 장의식보다도 고별식에 의미를 두는 사람에게 승려의 독경은 관습상 존속되고 있는 것에 불과하다고 할 수 있다.

종교와 장례식

서민들이 장례를 불교식으로 치르게 된 것은 에도 시대(江戶時代, 1603~1867)에 들어와서이다. 기독교도가 아님을 사원에 증명하는 데라우케제도(寺請制度)가 확립됨으로써 모든 사람은 특정 보리사의 단가(檀家)로 등록하는 것이 의무화되었다.* 단가는 종교 행사나 설법회에 참가해야 할 뿐만 아니라 보리사 건립과 수리에 협력할 것, 장례는 반드시 보리사에 의뢰할 것 등을 철저히 지켜야만 했다. 이러한 데라우케제도는 1871년에 '호적법'이 제정될 때까지 존속했다.

사원의 사회적인 권한이 없어진 현재에도 보리사와 단가의 관계는 선조의 묘를 매개로 연결되어 있으며, 장례와 조상의

---

* 보리사란 선조가 대대로 묻힌 선산과 위패를 모시며 고인의 명복을 빌어주는 특정 절을 말하며, 단가는 그 보리사에 시주함으로써 절을 재정적으로 지원하는 신도 집안을 말한다.

불사를 보리사에 의뢰하는 관습은 뿌리 깊게 남아 있다.

그런데 단가라는 말은 각 종파의 정식 서류에서는 사용되고 있지 않다. 예를 들면 정토종*의 홈페이지에는 「절과 단신도(檀信徒)」라는 제목으로 다음과 같은 문장이 게재되어 있다.

절을 구성하고 있는 것은 먼저 그 대표가 되는 주지승과 그 가족, 그리고 무엇보다 절을 지탱하는 단신도입니다. (중략) 신도란 정토종의 가르침을 신봉하며 그 사원에 소속된 사람을 말하고, 단도(檀徒)는 신도 중에서도 지속해서 그 사원에서 불사를 올리는 사람을 말합니다.

'단도'는 1대에 한하는 것으로서 자손들이 대를 이어 자동으로 그 지위를 계승하는 '단가'는 아니다. 전후에 와서 자손 대대로 특정한 절과 관계를 이어가는 단가제도는 없어졌다. 그러나 자손 대대로 계승하는 '묘지'를 매개로 하고 있기 때문에, 마치 단가제도가 아직도 존속하고 있는 것으로 착각하는 사람이 적지 않다.

그러나 농촌에서 도시로의 인구 이동, 핵가족화, 저출산 등으로 단신도가 적어지면서 시주 수입만으로는 운영해 나갈 수

---

* 헤이안 말기 호넨(法然)에 의해 개창된 불교의 한 종파로 아미타불의 극락정토에 왕생할 것을 기약한다.

없는 사원이 증가하고 있다. "시주와 기부 등의 경제적 부담이 커서 보리사와의 관계를 해소하고 싶다"며, 보리사에서 관리하던 선조의 묘를 민간이 운영하는 묘지 등으로 옮기는 사람도 적지 않다.

한편 수도권에서는 보리사가 없는 유족이 절반을 넘으며, 이 경우 장의사를 통해 승려가 파견된다. 인터넷에 '승려 파견'이라고 입력해 검색하면 대다수 파견회사가 요금을 명시하고 있다. 도쿄의 어느 파견회사의 경우, 계명(戒名)*을 받지 않고 어느 종파라도 상관없다면 8만 4000엔, 종파를 지정해도 14만 엔 정도라고 표기되어 있다. 같은 도쿄 지역의 다른 회사에서는 계명 없이 20만 엔이라고 한다. 두 회사의 가격 차이가 승려의 독경 수준이나 몸에 걸치는 법의의 화려함, 또는 승려의 지명도에 따른 차이인지는 알 수 없다. 하지만 '향후 절과의 관계를 유지하지 않아도 되기 때문에 홀가분하다'라거나 '요금이 명시되어 있어 안심'이라고 느끼는 사람이 늘고 있는 것은 사실이다.

앞에서 언급한 필자의 조사에서 '종교색이 있는 형식'으로 해주길 원하는 사람은 16.4%밖에 되지 않았다. 아무리 가격이 투명하고 저렴하다 해도 계명과 독경에 대가를 지급하는 것에

---

* 법명과 같은 말로, 불교식 장례에서 계를 받고 불문에 귀의한 죽은 사람에게 붙여 주는 법호이다.

의의를 느끼지 못하여 종교색 자체가 필요 없다는 사람들이 많다는 것을 보여준다. 이러한 결과는 승려 측에도 문제가 있을 것이다. "생전의 고인을 모르기 때문에 어떻게 사망했는지에 상관없이 틀에 박힌 설법을 한다" 혹은 "독경이 능숙하지 않다"라는 등 승려의 자질에 대해 지적하는 소리도 있기 때문이다.

장례식을 개혁하다

"장의사로부터 연락이 오면 가방에 가사를 챙겨 넣고 장례식장에 가서 불과 1시간 정도로 장례를 끝내는 일은 하고 싶지 않다"라며 20여 년 전부터 장례식의 개혁에 분투하는 승려가 있다.

『절이여, 변하라(寺よ, 変われ)』 등의 저서를 낸 나가노현 마쓰모토시(松本市)에 있는 진구지(神宮寺) 절의 다카하시 다쿠시(高橋卓志) 주지는 평소 신도들에게 "가족이 사망하면 24시간 언제라도 좋으니 먼저 절에 연락을 하라"라고 전하며, 절에서 염가로 장례를 치를 수 있음을 알린다. 최근에는 다카하시 주지가 관여하는 장례의 90%를 절에서 하고 있다. 대부분의 시신은 병원이나 시설에서 절로 직행하기 때문에 절에 여러 구의 시신이 안치된 일도 드물지 않다. 신도의 장례식에 절을 장례식장으로 빌려주는 경우는 흔히 있는 일이지만 진구지

절이 다른 절과 크게 다른 점은 주지가 장의사 역할도 맡고 있다는 것이다.

예를 들어 유족으로부터 부고가 들어오면 주지는 시신을 옮겨 올 준비를 한다. 도쿄 출장 중에 돌연사한 사람이 있다면, 시신을 도쿄에서 마쓰모토시까지 이송하는 경우와 도쿄에서 화장하는 경우 중 어느 쪽이 유족에게 금전적·정신적으로 부담이 적을지를 고려하여 유족에게 제안한다.

필자가 우연히 진구지 절에 들렀던 날에도 SOS 전화가 걸려왔다. 외출 중에 화장실에서 쓰러져 사망한 채 발견된 여성의 딸이 병원 영안실에서 전화를 걸어온 것이다. 혼자 살고 있던 그 여성의 자택은 시영주택으로 시신을 안치할 공간이 없다. 병원으로부터 "빨리 데려가 주길 바란다"라는 갑작스러운 통보를 받은 딸이 어찌할 줄 몰라 당황하며 진구지 절에 전화를 걸어왔다. 우연히 신문에서 보았던 기사를 떠올린 것이다. 주지와 그 부인은 재빨리 시신을 맞으러 갈 준비를 했고, 시신은 무사히 절에 안치되었다.

또 어느 날에는 병원에서 사망한 시신을 고인의 집으로 옮기려고 했을 때 가사를 입은 주지를 목격한 하굣길의 초등학생이 "얘들아, 스님이 '시체'를 옮기고 있어"라며 뒤따라오는 친구들을 향해 소리친 일도 있었다고 한다. 모두가 자택에서 장례식을 치렀던 시절에는 병원에서 사망한 시신이 자택으로 돌아오는 광경은 흔한 일이었지만 시신을 집으로, 게다가 승려가 운반하고 있는 현장을 본 아이들은 깜짝 놀랐음이 틀림없다.

시신을 깨끗이 하는 것도 주지의 역할이다. 쓰레기가 산처럼 쌓인 자택에서 사후 1개월이 지나 발견된 초로의 남성은 쥐가 다리를 갉아 먹어 피투성이였는데, 검시가 끝나자 주지가 남성의 시신을 깨끗이 닦아서 관에 안치했다.

다카하시 주지가 주관하는 장례식은 고인을 아는 사람들로부터 차분히 이야기를 듣는 것에서 시작한다. 신도의 경우에는 생전에 대한 상담도 많이 하는데, 주지는 유족이 고인과의 추억을 이야기하는 과정을 특히 중요시한다. 예를 들면 방탕한 부친을 싫어했던 자녀들이라도 주지에게 고인의 이야기를 하면서 부친에게 사랑받았던 어릴 적 일들을 떠올리는 경우가 있다. 이렇게 되면 고인에 대해 증오만은 아닌 감정이 북받쳐 올라 '모두가 함께 애도하며 보내드리자'라는 마음이 된다고 한다.

유족에게는 비용 면에서의 장점도 크다. 마쓰모토시 시영 장제센터에서는 관과 장의용품을 염가로 판매하고 있으며 꽃이나 드라이아이스는 유족들이 직접 사 오기 때문에 장의사에게 의뢰하는 요금의 30% 정도로 장례를 치를 수 있다고 한다.

"승려는 장의사가 하는 일을 해서는 안 된다"라며 다카하시 주지를 비판하는 승려도 있다. 그러나 다카하시 주지는 "승려의 독경과 인도로 유족이 위로받고 있는가?"라는 점에 의문을 가지고, "승려가 장의용 배경음악 연주자에 지나지 않게 되면

죽음과 장례의 의미를 묻는다

장례식에 승려는 틀림없이 필요 없어진다"라고 말한다. 다카하시 주지는 "죽으면 절에서 장례를 치러주길 바란다"라고 말하는 사람에게는 "저보다 먼저 가시게 되면 언제라도 해드리겠습니다. 안심하십시오"라고 웃으며 대답한다. 신도들과 그러한 관계를 쌓아 죽음의 불안을 덜어주는 것이 승려에게 요구되는 소임은 아닐까?

불단

자택에서의 불단 보유율은 이전보다 낮아지고 있다.

2012년에 실시한 필자의 조사에서 어릴 적 자택에 불단이 있었던 사람은 66.2%였지만, 현재 자택에 불단이 있는 사람은 46.7%로 감소했다. 불단이 없는 집이 증가하는 이유로 "부모가 건재하기 때문에 불단은 아직 필요 없다", "우리는 장남이 아니기 때문에"라는 이야기를 듣지만, 이것은 오해이다. 본래 불단은 불상을 안치하고 예배하기 위한 장치이지 고인을 추도하는 장소가 아니다.

일반적으로 불단은 부모나 배우자가 사망한 후에 구매하는 것으로 생각하는 사람이 많다. 연령별로 불단 보유율을 보면 70세 이상에서는 71.5%가 자택에 불단을 보유하고 있는 데 반해 54세 이하에서는 30% 정도밖에 되지 않는 것도 '가까운

표 1-1
자택에 불단·가미다나(神棚)*가 있는 사람의 비율

	20~39세	40~54세	55~69세	70~84세
불단이 있다	29.9%	30.6%	52.6%	71.5%
가미다나가 있다	19.5%	25.3%	32.0%	39.1%

자료: 일본 제일생명경제연구소(2012년 조사).

가족이 사망했는지 아닌지'가 크게 영향을 미치고 있음을 알
수 있다(표 1-1).

하지만 불단을 사려고 해도 집안에 놓아둘 장소가 없다는
문제도 있다. 예전에는 대부분의 집에 불단을 안치하기 위한
전용 공간인 '부쓰마(仏間)'가 있었다.

그러나 요즘은 주택 사정 때문에 도시에서는 불단을 둘 공
간을 확보하기가 좀처럼 쉽지 않아 다다미방의 '도코노마(床
の間)'** 옆에 불단을 두는 경우가 늘고 있다. 아파트에서는 아
예 다다미방이 없는 곳도 많아서 양실과 거실에도 위화감 없
이 어울리는 가구형 불단이 등장했다.

그런데 장남과 장녀가 결혼하면 "집안에 불단을 2개나 두기
는 어렵기 때문에 어떻게 하면 좋을까?"라는 새로운 문제가 생

---

* 가미다나란 일본의 전통 종교인 신도의 신을 모시기 위한 제단으로, 청정하고 가
장 높은 장소를 지향한다는 의미에서 각 가정에서는 천정 근처의 벽에 설치한다.
** 일본 주택의 다다미방에서 정면 벽 쪽에 바닥을 한 단 높여 서화 족자나 꽃, 장식
품 등으로 꾸민 공간이다.

죽음과 장례의 의미를 묻는다

예전에 많은 일본 가정에는 부쓰마와 불단이 있었다

도코노마   가구형 불단

긴다. "종파가 다른데 양가의 위패를 함께 안치해도 괜찮을까?"라는 의문을 품는 사람도 적지 않다.

신앙심이 있는 것은 아니지만 막연히 '집안의 종교'라는 의식에 얽매여 있는 사람이 아직도 많다. 그렇지만 집안의 종교가 존속하기 위한 절대조건이 되는 '자손'의 존재가 더는 보장되지 않고 있다. 이런 점에서 불단도 당대에 끝나게 되지 않을까?

묘지는 부족한가

앞으로 20년 동안 지속될 다사사회에서 "도쿄와 같은 대도시에서는 묘지가 부족하지 않을까?"라는 질문을 필자는 수도 없이 들었다. 그러나 신문의 전단지나 전차, 버스 안에서 공원묘지의 광고를 접할 기회가 많다. 절이나 공원묘지에서 광고를 낸다는 것은 판매할 묘지가 많이 있다는 것이기 때문에 정말로 묘지가 부족한지 의문이 든다.

그렇다면 "도쿄에서는 묘지가 부족하다"라는 말은 무엇을 근거로 하는 것일까? 실은 1980년대에 수도권의 대도시에서 비슷한 현상이 일어난 적이 있다. 1987년에 도쿄도에서 운영하는 하치오지 공원묘지에서는 750개 구획에 1만 4000명이 응모해 20배 가까운 경쟁률을 보인 곳이 있었다. 당시 총리부가 1990년에 실시한 '묘지에 관한 여론조사'에서는 "현재 도시에

죽음과 장례의 의미를 묻는다

서 묘지 부족이 심각한 사회문제가 되는 것에 대해 알고 있습니까?"라는 질문에 65.8%가 "알고 있다"라고 대답했다.

그 배경에는 고도성장기에 지방에서 도시로 유입된 사람들이 1980년대 후반 이후 잇달아 정년퇴직을 하면서 새로운 묘지가 필요하게 된 사정이 있다. 교외에서 택지 개발이 진행되는 한편 거품경기로 토지 가격이 급등해 자그마한 내 집 하나 마련하는 것도 어려운데, 하물며 훌륭한 묘지를 갖는다는 것은 꿈같은 이야기라는 풍조가 있었다. 이처럼 대도시에서 묘지조성 붐이 일어나는 가운데 묘석업자는 '추모공원'이라고 불리는 묘지를 도시 외곽에 잇달아 조성했다.

묘지로 개발할 수 있는 토지가 도심에는 없기 때문에 도심에서 묘지를 취득하기는 어렵고, 있다고 해도 매우 비싼 것이 현실이었다. 달리 말하자면 교외에 있는 묘지의 경우 부족한 사태는 거의 일어나지 않았다. 도쿄도의 공영 묘지는 경쟁률이 높아 웬만해서는 당첨되기 어려운 현상이 이전부터 있었지만, 절이나 추모공원의 묘지라면 비용은 들더라도 묘지를 만들지 못하는 상황은 아니었다고 할 수 있다.

요즘에는 도심에서도 묘지를 판매하는 경우가 흔하다. 교외의 훌륭한 묘지보다는 작더라도 찾아가기 쉬운 도심의 묘지를 지향하는 사람이 증가해, 좁아도 괜찮다면 도심부에서도 묘지를 구할 수 있다.

1990년대 초반에는 수도권의 민영묘지에서 판매한 묘지의 일반적인 구획이 3m²였으나, 2000년경에는 2m² 구획이 많았고, 최근에는 1.5m²도 안 되는 구획의 판매가 두드러진다. 지바현의 많은 지자체에서는 민영묘지라고 하더라도 '1구획당 면적이 1.5m² 이상일 것'을 조례로 정하고 있는데, 수도권의 대도시에서 최근 수년 내에 개발한 묘지에서는 1.0m² 미만의 구획이 흔하다. 도쿄 도심에서는 사방 40cm도 안 되는 불과 0.15m² 정도의 구획을 판매하고 있는 묘지가 몇 군데나 있다.

그런데 도쿄도 도립 공원묘지의 2016년 모집 경쟁률은 아오야마 공원묘지의 3.05~4m² 구획이 13.4배, 야나카 공원묘지(谷中霊園)의 1.50~1.85m² 구획이 13.3배를 필두로, 전체 평균 경쟁률은 6배를 넘었다. 2013년에 모집한 사가미하라시(相模原市) 시영 미네야마 공원묘지(峰山霊園)에서는 100배 가까운 경쟁률을 보인 구획도 있다. 이러한 실태를 보고 "역시 도심에서는 묘지가 부족한 것이 아닐까?"라고 생각하는 사람이 있을 것이다. 그렇지만 13.4배의 경쟁률을 보였던 아오야마 공원묘지는 겨우 20기만 모집했기 때문에 경쟁률이 높은 것은 당연하다. 더욱이 도립 공원묘지의 전체 평균 경쟁률은 최근 수년간 낮아지고 있다.

결국 비용이 싸고 묘지운영자가 지자체여서 안심할 수 있다는 등의 이유로 공영 묘지의 인기가 높기 때문에 "도쿄에서는 묘지가 부족하다"라고 착각하는 사람이 많은 것이 아닐까 생각한다.

죽음과 장례의 의미를 묻는다

가까운 장래에 묘지가 부족해질 것을 예상한 오사카시(大阪市)에서는 시내에 묘지로 이용할 수 있는 대규모 토지가 없는 점을 고려해 1979년에 한난시(阪南市)에 공영 묘지를 조성하기로 했다. 그러나 애초의 예상은 크게 빗나가 공영 묘지는 조성되지 않은 채 광대한 땅이 그대로 남아 있다. 게다가 최근 수년간은 이 묘지에 이미 묘를 만든 사람들로부터의 반환 수, 즉 폐묘 건수가 신규로 묘를 만드는 사람의 수를 웃도는 상황이다. 묘지가 부족한 상황은 대도시에서도 일어나지 않는다.

해외에서도 일어나고 있는 묘지 문제

도시로의 인구 집중과 인구 증가에 따른 '묘지의 가격 급등'이나 '묘지 부족'은 일본만의 현상이 아니다. 일본과 마찬가지로 저출산, 고령화가 진행되어 사망자 수가 급증하고 있는 한국과 대만에서는 매장 묘지가 부족하지 않을까 하는 염려 때문에, 2000년 이후 화장을 적극적으로 권상하여 화장 쪽으로 역동적인 전환이 이루어지고 있다.

화장률 변화를 보면 한국(보건복지부 통계)에서는 1999년의 30.3%가 2011년에 67.5%, 2015년에 80.8%로 증가했다. 대만(內政部 民政司 통계)에서도 1993년의 45.9%에서 2015년의 93.7%로 화장률이 급증했다.

화장을 선택하는 사람이 늘어난 배경에는 급등한 건묘 비용이 있다. 예를 들면, 대만의 타이베이시(台北市)에서는 공영 묘지에 매장하는 경우 수십만 엔이 드는 데다가, 7년 후에는 납골당으로 이장(제3장 참조)하는 것이 의무화되어 있다. 민간의 매장 묘지라면 이장할 필요는 없지만 500~1000만 엔 이상의 시세여서 일본과의 물가 차이를 생각하면 굉장히 비싸다. 다만 공영 납골당이라면 3만 엔 정도로 안치할 수 있다.

그렇지만 납골당에 맡기는 것만으로는 사망자가 급증하는 사회에서는 곧 한계가 온다. 타이베이시와 서울시 같은 대도시에서는 수목장으로 할 수 있는 구획과 산골을 할 수 있는 구획을 공영 묘지에 마련하여 다양한 선택지를 제공하고 있다(제3장 참조). 대만의 가오슝시(高雄市), 타이베이시, 신페이시(新北市) 등 해양 산골을 주최하고 있는 지자체도 있다.

다민족국가인 싱가포르도 같은 문제를 안고 있다. 국토가 좁아 종교상의 이유 이외에는 매장을 인정하지 않기 때문에 이미 매장된 시신은 차례로 파내어 빌딩 형식의 납골당에 이장한다. 매장밖에 할 수 없는 무슬림의 시신은 사후 15년이 지나면 파내서 8구나 16구씩 지하 깊숙이 매장한다. 아와지시마(淡路島) 섬 정도의 면적에 국적 혹은 영주권을 가진 사람이 400만 명 가까이 사는 싱가포르에서는 이들에게 묘를 제공하려면 매장용 묘지는 지하 깊이, 화장용 납골당은 지상 높이 만드는 것 외에 방법이 없기 때문이다.

죽음과 장례의 의미를 묻는다

싱가포르 공영 무슬림 묘지

싱가포르 빌딩형 납골당

좁은 국토에 많은 사람이 북적거리는 이들 국가에서는 일본과 마찬가지로 묘지를 어디에 조성할 것인지, 어떻게 무연묘를 갱지(更地)로 만들어 새로운 묘를 만들지가 공통의 과제가 되고 있다.

한편 매장이 주류인 유럽과 미국에서는 묘지를 재활용한다는 사고방식이 꽤 오래전부터 확립되었다.

프랑스의 파리에서는 시영 묘지에 묘를 만들고 싶은 유족은 10년, 30년, 50년, 영구 사용의 4종류 중에서 선택해 사용료를 지불한다. 대부분의 사람은 기간이 한정된 유형을 선택한다고 한다. 영구 사용 외에는 기한이 끝나면 갱신할 수도 있지만, 갱신 시기나 사용 기한이 끝나고 2년이 지나면 사용권은 없어진다. 묘는 시 직원이 파내고 유골은 납골당으로 이전된다. 갱지가 된 장소는 새로운 유족에게 빌려주는 방식이다.

이탈리아에서도 같은 방법으로 묘지를 재활용해 왔기 때문에 100년 이상 경과한 역사가 오래된 묘지에서도 새로운 묘가 계속해서 만들어지고 있다.

스웨덴에서는 사후 25년이 지나면 관을 더 깊이 묻고, 그 위에 새로운 관을 묻도록 정하고 있다.

그리스에서는 수년 전부터 묘지의 리사이클을 시작했는데, 놀라운 것은 사용 기간이 짧다는 점이다. 묘지 사용 기간은 길어야 3년이다. 사용 기한이 되면 유족의 입회하에 직원이 묘를 파내어 유골을 납골당으로 옮긴다. 그러나 파내기까지의 기간이 짧으므로 유족이 완전히 백골화되지 않은 시신을 접하게 될 가능성도 있다. 그렇게 된다면 유족에게는 참으로 가혹한 일이 될 것이다.

이렇게 보면 인구 증가와 도시화로 묘지 부족 문제를 안고 있는 나라가 여럿 있지만, 가족의 유무나 유족의 의향에 상관없이 모두가 공평하게 묘지를 사용할 수 있도록 사용 기한을 설정하여 토지 사용자를 순환시키고 있는 국가가 적지 않음을 알 수 있다.

제2장

장례식은

어떻게 될 것인가

베트남의 영구차

태곳적부터 이어져 온 애도

사람이 죽으면 어떤 종교나 민족이든 태곳적부터 장례식을 치러왔다. 이라크의 샤니다르 동굴 유적*에서는 네안데르탈인의 매장된 시신이 발굴되었는데, 꽃을 바친 흔적이 있다는 사실은 잘 알려져 있다.

일본에서도 『고사기(古事記)』**에 일본 신화에 나오는 아메노와카히코(天若日子)가 화살에 맞아 죽었을 때의 모습을 기술한 부분이 있다.

빈소를 짓고, 물기러기는 식사 운반 담당, 백로는 청소 담당, 물총새는 신에게 바치는 음식을 준비하는 담당, 참새는 쌀을 찧는 담당, 꿩은 곡하는 여자 등 장례식의 담당을 정하여 8일 밤낮으로 춤추고 먹고 마시고 놀며 애도했다는 내용이다. 고대에는 시신이 부패하여 백골이 될 때까지 빈소에 안치하고 남은 사람들은 망자와 함께 시간을 보내며 식사를 공양하거나 춤을 추는 의식을 행했다. 오늘날에도 시신을 안치할 때 밥(枕飯)과 경단(枕団子)을 올린다든지, 촛불이나 향이 꺼지지 않도

* 이라크 북부의 쿠르드 지역에서 발견된 유적으로 동굴 내부에서 약 3만 5000년부터 6만 5000년 전의 네안데르탈인의 유골 10구(4구는 거의 완전한 골격)가 발견되었다. 유골이 매장된 곳에 꽃을 바친 흔적 외에 모닥불을 피운 흔적이 있어 장례식을 치렀다는 것을 추측할 수 있다.
** 나라 시대인 712년에 발간된 신대(神代)부터 스이코(推古) 천황대까지를 정리한 3권의 역사서로 신화·전설과 가요를 포함하여 천황가의 통치 유래를 기술했다.

록 하는데 이것이 현대의 빈소 모습이라고 할 수 있다.

빈소를 두어 일정 기간 애도하는 관습은 해외에서도 볼 수 있다. 예를 들어 대만에서는 사망 후 8시간 동안은 청각 등의 감각이 살아 있다고 믿어 이 사이에는 시신을 옮긴다든지, 몸을 닦거나 시신을 곱게 화장한다든지 밥을 올린다든지 하는 것은 좋지 않다고 여긴다.

2016년에 서거한 태국 푸미폰(Phumiphon Adunyadet) 국왕의 화장은 1년간의 애도 기간을 거친 후 거행되었는데 태국에서는 신분이 높은 사람이나 저명인사가 사망한 경우, 수개월 이상 화장을 하지 않는 경우가 흔하다. 푸미폰 국왕의 누나는 2008년 1월에 사망했는데 화장은 그해 11월에 행해졌고 2009년 11월에 사망한 사마크 전 수상은 이듬해 11월에 화장되었다. 필자의 친구 부친은 태국에서 회사를 경영했는데 사망 이후 화장하기까지 100일 이상 걸렸다. 저명인사이거나 사회적 지위가 높은 사람일수록 애도 기간이 길고 화장까지는 시간이 걸리는 것이다.

죽음을 부정(不淨)하게 보는 의식의 유래

『고사기』에는 황천(黃泉)은 썩은 시체에 구더기가 들끓는 세계라고 기술한 부분이 있다. 죽음을 두려워하는 관념은 시신이 부패해가는 모습에서 비롯되었을 것이라고 생각되는데 현재도 죽음에 대한 공포심은 뿌리 깊게 남아 있다. 일본에서 화장이 급속히 보급된 것은 도시화와 전염병에 대한 공중위생 관념에서뿐만 아니라, 죽음에 대한 강한 공포심이 있었기 때문이라는 주장(堀, 1951; 森, 2000)도 있을 정도이다.

생활 속에서 지금도 여전히 여러 형태의 미신과 관습이 뿌리 내리고 있는 것에서도 죽음에 대한 공포심을 엿볼 수 있다. 헤이안 시대(平安時代, 794~1185)에 시행된 법령집인 『엔기시키(延喜式)』에는 죽음의 부정(不浄)을 타는 정도가 3단계로 구분되어 있는데, 죽음과 멀어질수록 오염의 정도가 약화된다고 명기되어 있다. 이러한 사고방식은 상조휴가 제도에 그대로 남아 있다.

많은 회사에는 특별휴가로 '상조휴가'가 있는데 사망한 사람이 배우자라면 10일, 부모와 자녀라면 7일, 형제자매와 조부모·손자는 5일, 숙·백부모(배우자의 숙·백부모 및 숙·백부모의 배우자는 불포함) 및 자녀의 배우자는 3일로 친족관계에 따라 일수가 다르다. 이를 통해 1촌은 7일, 2촌은 5일로 상조휴가 일수가 줄고 숙·백부모인 3촌까지가 대상이 된다는 것을 알 수 있다. 4촌이 사망하더라도 상조휴가 대상이 되지 않기 때문에 친구가 죽었을 때와 마찬가지로, 장례식에 참석하려면 유급휴가를 신청해야 한다.

1874년에 메이지정부가 내린 태정관포고(太政官布告)에는

표 2-1
기복(忌服) 기간 규정

고인의 친족관계	기 일수	복상 일수
부모	50일	13개월
양부모	30일	150일
남편	30일	13개월
아내	20일	90일
장남	20일	90일
그 외의 자녀들	10일	90일
양자	10일	30일
형제자매	20일	90일
조부모(부계)	30일	150일
조부모(모계)	30일	90일
숙·백부, 숙·백모	20일	90일
남편의 부모	30일	150일
아내의 부모	없음	없음
증조부모	20일	90일

자료: 1874년 태정관포고 「복기령(服忌令)」.

친족관계에 따라 복상 기간을 세세하게 규정했는데 기 일수
(忌日數)와 복상 일수(服喪日數)에 상당한 차이가 있다(표 2-1).
'기(忌)'는 '죽음은 부정한 것'이라는 관념에 의거하여 부정을
옮길 위험이 있는 기간을 뜻하는 것임에 반해, '상(喪)'은 슬픔
으로 인해 공공장소와 경사스러운 자리에는 나가지 않는 기간
을 뜻하기 때문에 '상' 쪽이 길게 설정되어 있다. 더욱이 남편

죽음과 장례의 의미를 묻는다

과 처, 장남과 그 외 자녀들 간에 '기' 일수가 다른 점, 처의 부모가 사망하더라도 남편은 '기'와 '상'의 의무가 없다는 점은 메이지 시대(明治時代, 1868~1912)의 이에제도(家制度)*를 짙게 반영하고 있어 매우 흥미롭다.

지금도 상을 당한 집의 현관에 '기(忌)'라고 쓴 종이를 붙이는 관습이 남아 있는 지역이 있다든지, 조문객에게 정화(淨化) 소금을 나눠주는 경우도 있는데 이는 모두 '죽음은 부정하다'는 의식에 바탕을 둔다.

죽음을 둘러싼 미신

2012년에 필자가 20세에서 84세까지의 남녀를 대상으로 실시한 조사에서는 "조문객 친구를 죽음으로 끌어들인다고 하는 도모비키날에 장례식을 하면 재수가 없다", "장례식에 다녀오면 자택 현관이나 몸을 정화하기 위해 소금을 뿌린다"는 미신을 "알고 있으며 조심한다"라고 응답한 사람이 절반 이상이나 되었다(그림 2-1).

삿포로시(札幌市)의 화장장에서는 1978년부터 1982년까지

---

* 1898년에 시행된 메이지민법에 의거해 법제화된 일본의 가족제도로, 에도 시대의 무사 계급의 가족제도를 모델로 만들어졌다. 가장에게 절대적인 권한을 부여한 가부장제적인 가족제도이다.

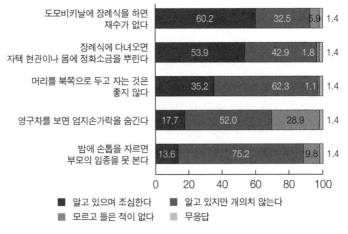

그림 2-1
미신의 인지도   (단위: %)

도모비키날에 장례식을 하면
재수가 없다   60.2   32.5   5.9   1.4

장례식에 다녀오면
자택 현관이나 몸에 정화소금을 뿌린다   53.9   42.9   1.8   1.4

머리를 북쪽으로 두고 자는 것은
좋지 않다   35.2   62.3   1.1 1.4

영구차를 보면 엄지손가락을 숨긴다   17.7   52.0   28.9   1.4

밤에 손톱을 자르면
부모의 임종을 못 본다   13.6   75.2   9.8   1.4

0   20   40   60   80   100

■ 알고 있으며 조심한다   ■ 알고 있지만 개의치 않는다
■ 모르고 들은 적이 없다   ■ 무응답

자료: 일본 제일생명경제연구소(2012년 조사).

도모비키날에도 화장을 했는데, 당시 도모비키날의 화장 건수
는 다른 날의 10%에도 못 미쳤다. 그러나 2007년부터 1년간 화
장장 두 곳 중 한 곳이 개수공사로 휴업을 하게 되었고 동절기
혼잡 완화 대책으로 이 기간에 한정해서 도모비키날에도 화장
을 했는데 이전보다 화장 건수가 늘었다고 한다. 그러자 시의
회에서 "시민의식이 크게 바뀌었다"며 화장장 두 곳을 다 가동
하더라도 도모비키날에 휴업하지 말자는 논의를 했다고 한다.

그 후 삿포로시가 시민을 대상으로 설문조사를 했더니 도모
비키날의 화장에 거부감을 느낀다는 응답은 50.4%로, 거부감
을 느끼지 않는다는 응답인 34.4%를 웃돌았다. 또한 도모비

키날의 화장 건수가 늘었다고는 해도, 다른 날에 비해 적은 데 다가 거부감을 갖는 사람이 여전히 많고 도모비키날의 가동에 따라 경영비도 증가하여 2017년 현재 삿포로시의 화장장은 도 모비키날에 휴업하고 있다.

미신에 의거해 휴업일을 정하는 것은 문제가 있다는 의견도 있다. 나고야시(名古屋市)의 시영 화장장 야고토사이조(八事 斎場)에서는 2011년 말부터 도모비키날에도 개장하고 있고, 센다이시(仙台市), 오사카시, 히로시마시(広島市), 후쿠오카 시(福岡市) 등 이전부터 도모비키날에 화장장을 개장하고 있 는 대도시는 많다. 그러나 도모비키날의 이용자는 다른 날에 비해 확실히 적다. 도쿄도의 린카이사이조(臨海斎場)에서는 도모키비날에 화장장을 이용할 수는 있지만, 2017년 현재 이 용률은 60%가 되지 않는다. 마찬가지로 도쿄도의 하치오지시 화장장에서는 2016년 말부터 2017년 3월까지 사망자가 증가 하는 동절기에 한정해 도모비키날에도 이용할 수 있도록 했지 만, 연말연시를 제외하면 이용률은 높지 않았다.

확실히 장례식에 대한 사람들의 가치관이 다양화하고 있는 데다 사망자 수가 급증하고 있기 때문에 도모비키날의 화장장 이용 건수는 과거에 비해 늘고 있는 것이 사실이다. 그렇지만 일상생활 속에 뿌리 깊이 침투해 있는 거부감이 줄어드는 데 에는 아직 시간이 걸릴지 모른다.

원래 "도모비키(友引)날에 장례를 치르면 재수가 없다"라는 미신은 문자 그대로 망자가 친구를 불러들이면 안 되기 때문에 그날은 장례식을 하지 않는다는 발상으로, 언어유희에 지나지 않는다. 도모비키는 '센쇼(先勝), 도모비키(友引), 센푸(先負), 부쓰메쓰(仏滅), 다이안(大安), 샤쿠(赤口)'라는 길흉을 가리는 로쿠요(六曜)*의 하나로 로쿠요는 음력의 달과 날을 더해 6으로 나눈 나머지의 수로 결정한다. 예를 들어 음력 1월 27일이라면 1+27을 6으로 나눈 나머지가 4이기 때문에 '센푸'가 된다. 도모비키는 나머지가 3일인 날이 해당된다. 음력은 달의 차고 기울어짐으로 정해지는데, 어쨌든 로쿠요는 근거가 없음이 틀림없다.

로쿠요가 들어 있는 다이어리를 애용하는 사람이 많지만 대다수는 신경 쓰지 않을 수도 있다. 부쓰메쓰날에 결혼식을 올리면 재수가 없다고 피하는 사람도 있으나, 부모 세대와는 상관없이 결혼 당사자들은 이를 신경 쓰지 않는 듯하다. 부쓰메쓰 할인이 있는 결혼식장에 따르면 최근 부쓰메쓰날과 다른 날과의 결혼식 건수의 차이가 없다고 한다.

다만 부쓰메쓰날의 결혼식과 도모비키날의 장례가 다른 점은 결혼식은 재앙이 내린다 해도 영향을 받는 쪽은 당사자들이고 참석자들이 아닌 데 반해, 장례식은 사망한 당사자가 아

---

* 책력(冊曆)에 적은 주기(註記)의 한 가지이며, 길흉을 점치는 데 기준이 되는 여섯 날을 가리킨다. 고대 중국에서 일본으로 전래되어 길흉 점으로 현재도 널리 사용되고 있다.

죽음과 장례의 의미를 묻는다

니라 친구 등 조문객에게 재앙이 일어난다고 믿는 미신이라는 점이다. 따라서 생전의 고인과 가족은 신경을 쓰지 않더라도 조문객에 대한 예의상 유족이 도모비키날에 장례식을 하기는 어렵다.

지금까지 결혼식이나 장례식에는 체면과 허례가 중시되어 왔는데 이런 미신이 없어지지 않는 것은 그 때문이기도 하다. 그러나 앞으로 가족만 참가하는 장례식이 점점 증가하게 되면 체면과 허례를 신경 쓸 필요가 없어져 도모비키날에 장례식이나 화장하는 것을 주저하지 않는 유족이 늘어날 것이다.

신궁형(宮型) 영구차는 왜 사라진 것일까

사회 전반적으로 죽음을 부정(不淨)한 것으로 보는 의식이 사라지지 않고 있는 것은 신사의 화려한 지붕 모양을 한 신궁형 영구차의 화장장 진입을 반대하는 주민이 적지 않은 것에서도 볼 수 있다. 신궁형 영구차의 이미지가 좋지 않다고 생각해 화장장을 재건축하거나 신설할 때 신궁형 영구차의 진입을 금지하

신궁형 영구차
자료: Nekosuki600(https://ja.wikipedia.
org/wiki/ファイル:Reikyusha.jpg)/ CC BY

는 지역이 여기저기서 생기고 있다. 다음 기사에서 그 모습을 엿볼 수 있다.

지역사회 안에서 여전히 화장장 건설을 꺼리는 경향은 강하다. 공공성이 높고 생활에 불가결한 시설이라고 이해는 하지만, "적어도 화장장의 존재를 노골적으로 보여주는 신궁형 영구차 출입은 그만두기를 바란다"는 민원이 제기되고 있다. …… 개축이나 신설을 계기로 '신궁형 영구차 금지'를 내건 화장장은 증가하고 있어 전국영구자동차협회 조사에 따르면 2006년 2월 현재 신궁형 영구차 금지를 내건 화장장이 전국적으로 100곳이 넘는다고 한다(≪요미우리신문(読売新聞)≫, 2006년 3월 1일 자).

주택지 근처에 장례식장이 들어선다는 계획이 알려지면 주민들의 강한 반대 운동이 일어나는 것은 셀 수 없을 정도로 많다. "장례식장이 필요하다는 것은 이해하지만, 우리 지역에서 매일 보는 것은 싫다", "생활환경의 악화로 땅값이 떨어지면 곤란하다" 등의 반대 이유가 많다.

장의사에게 맡기는 장례식

장례식을 둘러싼 사회 환경은 크게 변하고 있다. 이제는 장

　　　　　　　　죽음과 장례의 의미를 묻는다

의사를 이용하지 않고 장례식을 치른다는 것은 생각할 수도 없지만, 이런 경향이 전국에 정착한 것은 고도성장기 이후의 일이다. 예전에는 주민자치조직인 조나이카이(町內会)가 식사 준비나 장례 준비, 접수 등 일체를 도맡아 했기 때문에 장의사에게 맡길 필요가 없었다. 필자는 고도성장기에 개발된 신흥 주택지에서 태어나고 자랐는데, 3세대가 동거하는 집이 거의 없었던 뉴타운에서조차 40여 년 전에는 장례식이 있으면 이웃집 사람들이 도와주러 가는 관습이 있었다.

역사가 오랜 지역에서는 현재도 마을 사람들이 역할을 분담하여 장례식을 도와주는 관습이 남아 있다. 몇 년 전 사망한 필자의 친척 장례식에서는 장의사에게 구입한 것이 관 정도였다. 마을 사람들이 제단을 설치하는 것(지자체에서 제단을 빌림)에서부터 조문객 접수, 답례품과 제물, 조문객 식사 준비 등 모든 것을 분담했다.

홋카이도에서는 모든 것을 장의사에게 맡기게 된 이후에도 여전히 일반 개인의 장례에 조나이카이 회장이 장의위원장을 맡는 경우가 있다고 한다.

지금 장의사의 전신은 관과 장의용품, 조화 제작 등을 맡은 업자나 장례식에 필요한 물품을 판매하는 잡화점, 과자점, 건어물점, 포목점 등 장례식에 사용하는 물건을 취급하는 상점이었던 경우가 많다. 이런 상점이 장의사로 전환된 배경에는 고도성장기 이후 지역 주민들의 유대가 약화되었다는 점을 들

수 있다.

이웃과의 교류가 거의 없는데 같은 마을에 살고 있다는 이유로 장례식 때 도움을 받는 것에 거부감을 느끼는 사람도 많을 것이다. 앞에서 언급했듯이 조나이카이 회장이 장의위원장을 맡는 관습이 있었던 홋카이도에서도 최근에는 장의위원장을 세우지 않는 경우가 늘고 있다.

평소 서로 집을 왕래한다든지 음식을 나누어 먹는다든지 하는 관계가 아니라, 인사하는 정도의 관계인 사람에게 장례식 때 도움을 받게 되면 가족이 어떤 회사에 근무하며 어떤 생활을 하는지, 어떤 일을 하는 친척이 있는지 등이 모두 알려지게 된다.

예전에 강연 때문에 우연히 방문했던 마을에서는 유족이 화장장에 간 사이 이웃 사람들이 고인의 자택에서 집을 지키며 식사 준비를 하고 유족이 돌아오기를 기다리는 관습이 있었다. 함께 살던 시아버지의 장례식을 마친 여성이 "화장장에 가느라 집을 비운 사이에 이웃 사람들이 집안 여기저기를 둘러볼 거라고 생각하니 기분이 좋지 않았다"라고 살짝 일러준 이야기가 인상에 남았다.

또 다른 70대의 지인은 남편의 친가가 있는 산간 마을에 살았는데 그곳에는 옛날부터 사망한 사람의 집에 모두 모여 염불을 하는 관습이 있었다고 한다. 자녀들은 30년 전에 진학과 취직으로 마을을 떠났다. 시부모도 남편도 세상을 떠나 혼자 살게 된 것을 계기로 지인도 살기 편한 곳으로 이사하여 예전에 살던 집은 빈터로 변했다. 그러나 지금도 마을 사람이 사망할 때마다 지인에게서 연락이 오기 때문에 차로 1시간 거리를 운전해 염불하러 간다고 한다. "아들에게는 일을 쉬면서까지 이런 일을 하게 할 수 없다"라며 지인은 속상해했다. 지역의 유대감이 긴밀하게 남아 있는 지역이라고 하더라도 과소화, 고령화가 진행되면 주민들의 상부상조로 장례식을 치르는 관습이 사라지는 것은 시간문제일 것이다.

자택에서 장례식장으로

장의사 없이 장례식을 치를 수 없게 된 또 하나의 배경은 자택에서 장례식을 하지 않게 된 점이다.

일본소비자협회의 전국조사에 따르면, 과거 3년 이내에 장례식을 치른 사람 가운데 자택에서 장례식을 한 사람은 1985년에는 58.1%로 과반수를 차지했지만, 1991년에 52.8%, 1999년에 38.9%, 2007년에 12.7%로 계속 감소했다. 2014년 조사에서는 6.3%에 불과했고 그 대신 장례식장을 이용한 사람이 81.8%에 달했다. 자택에서 장례식을 하지 않게 된 이유는 앞에서 언급했듯이, 이웃과의 교류가 소원해진 것이 한 원인으로 도시일수록 장례식장에서 치르는 장례식이 일찍이 정착했다. 1980년대 후반부터 1990년대에 걸쳐 대도시에서는 큰 장례식장이 잇달아 지어지고 전철 회사 등 다른 업종에서 장례업으로 진출하는 경우가 생겨났다(서장 참조).

한편, 도시와 비교해 지역 유대가 여전히 강했던 지방에서는 자택이나 마을회관에서 마을 사람 모두가 참여하여 장례를 치르는 것이 당연했기 때문에 '시골에 장례식장이 생겨도 아무도 이용하지 않을 것이다'라고 생각되었다. 하지만 현재는 어떨까?

과소화의 진행으로 주민 대부분이 고령이 된 마을에서는 중노동을 수반하는 장례식 준비를 주민들이 도울 수 없게 되었다. 장례식장을 이용하는 편이 주민 부담이 적어지기 때문에 지금은 어느 지역이든 장례식장을 이용하는 것이 당연해졌다.

그러나 과소화나 인구 감소가 진행되는 마을에서는 장례식장이 없는 곳도 많아 자가용이 없는 주민들은 친했던 고인과의 마지막 고별식인 장례식에 갈 수 없다는 새로운 문제에 직면하고 있다. 입원 시설이 있는 큰 병원은 시가지에 있는 데다 그곳에서 사망하면 바로 장례식을 치른 뒤 유골이 되어 자택으로 돌아오는 경우도 늘었다.

2000년에 이미 주민의 절반 이상이 65세 이상이었던 고치현 오토요초(大豊町)는 2017년 3월 시점에 평균 세대인원수가 1.7명으로 독거 생활을 하는 고령자 세대가 매우 많다. 더구나 주민이 몇 명밖에 되지 않는 마을도 있어서 자택에서 장례식

죽음과 장례의 의미를 묻는다

을 치르는 것은 불가능에 가깝다. 지역 중심가에 있는 민간 장례식장에서 장례식이 있는 경우 지자체가 보조금을 제공하는 합승 택시에 나눠 타고 장례식에 다녀오는데, 왕복하는 데 드는 자기부담액이 1인당 1000엔이다. 고치 시내까지 합승 택시로 가면 왕복하는 데 1인당 4000엔이나 들기 때문에 연금생활자는 고치 시내의 장례식에 선뜻 참석할 수가 없다.

고치현 시만토시(四万十市)에 있는 니시토사오미야(西土佐大宮)라는 산간 마을에서는 그 전까지는 주민들이 편도 50km나 떨어진 장례식장을 이용했지만, 유족의 금전적 부담이 증가하고 지역 주민들로부터도 "고인을 마을에서 보내드리고 싶다"라는 요구가 늘어났다. 이에 부응해 고치현의 보조를 받아 주민이 단결해서 설립한 마을활동센터에서는 폐쇄되어 있던 마을보육소를 이용해, 2016년 직접 만든 제단으로 장례식을 치렀다. 이런 변화에 대해 주민들은 친하게 지내던 사람의 장례식에 참석하기 쉬워졌다며 좋아했다고 한다.

경기가 좋아지면 장례식은 화려해진다

제2차 세계대전이 끝난 직후인 1940년대 중반부터 1950년대에는 신생활운동(관혼상제, 선물 증답 등의 허례허식을 폐지하고 생활을 합리화, 근대화하자는 사고방식)이 유행해 조의금이나 조의 답례품, 화환 등을 자숙하는 움직임이 있었다. 시민에게 관을 무료로 제공하거나 영구차나 제단을 관공서에서 빌려주는 지자체도 있었다. 현재도 시영장의(市營葬儀)나 시민장의(市民葬儀)라는 형태로 신생활운동을 답습하고 있는 지자체가 있다. 오사카부의 다카쓰키시(高槻市)나 이바라키시에서는 장의 전문 직원이 장의 업무를 담당하고 있으며 장의 비용은 아주 낮은 가격으로 설정되어 있다. 이바라키시에는 시영장례 전용 식장도 있다.

장례식을 담당하는 업종으로는 앞에서 언급한 전문 장의회사 외에 관혼상제 상조회가 있다. 상조회는 매달 일정액을 적립하여 결혼식이나 장례식 비용을 충당하는 방식으로 신생활운동의 고조를 배경으로 급속하게 보급되었다. 요즘처럼 결혼을 하지 않거나(또는 화려한 결혼식을 하지 않음), 장례식을 하지 않는(또는 가족만으로 조촐하게 장례식을 함) 선택지를 누구도 예상하지 못했기 때문에, 언젠가는 반드시 지출하게 되는 결혼식이나 장례식 비용을 사전에 준비해 두려는 소비자 측의 수요도 있었다.

그러나 고도성장기가 되자 어느새 신생활운동의 사고방식은 쇠퇴하고 장례식은 화려하고 호화롭게 변해갔다. 1980년대 후반부터 시작된 거품경기 시기에는 성대한 장례식이 늘어났고, 특히 1990년대 이후는 친족과 마을 주민만으로는 장례식을 치를 수가 없게 되어 장의사 이용이 급속하게 증가했다.

죽음과 장례의 의미를 묻는다

소비자 의식이 싹트다

거품경기 시기부터 장의사에 의존하는 경향이 점점 커지는 가운데, 장의사는 장례식장 운영뿐만 아니라 주민자치조직이 해왔던 역할도 대행할 필요성이 커졌다. 조문객에게 차 대접, 사망신고서 제출 등의 사후수속 대행, 유족에게 장례식에 관한 정보 제공, 유족과 승려와의 중개 역할, 음식 예약 등이 그 예이다.

더욱이 지역 사람들이 모두 나서서 도와주던 시대에는 없었던 연출도 등장했다. 그중 하나가 방조의식(放鳥儀式)이다. 지금은 보기 어렵지만 1980년대 후반부터 1990년대에는 출관 때에 흰 비둘기를 날려 보내는 일이 흔히 있었다. 또한 자택이나 장례식장 입구에 작은 물레방아와 손 씻는 그릇을 배치하고 집안의 문장(紋章)이 새겨진 제등(提燈)을 장식하는 일도 일반적이었다.

많은 사람들이 장례식장을 이용하게 되자 연출도 과도해져 갔다. 오사카의 관혼상제 상조회에서는 출관 시에 신디사이저 음악이 흐르고 스모크나 레이저광선이 비춰지는 가운데, 승려와 관을 태운 전동 카트가 나오고 그 뒤를 유족이 따르는 식의 연출이 생겨났다. 레이저광선으로 현세에서 내세로의 시간 터널을 표현한 것이라고 한다. 1980년대에는 결혼식도 화려해져 대형 결혼식장에서는 곤돌라나 스모크, 레이저광선이나 촛

불 점화 등의 서비스가 정착되었다. 이른바 화려한 결혼식, 화려한 장례식이 당연시되던 시대였다.

그러나 그 후 거품경제가 붕괴하고 불황이 장기화되자 결혼식도 장례식도 소박하게 치러졌다. 특히 장례식에 대해서는 1990년대 후반 이후, 치솟는 장례비나 판에 박힌 장례식에 불만을 품는 사람이 증가했다.

일본소비자협회 조사에 따르면, 참석한 적이 있는 장례식에 대해 "너무 형식적이다", "불필요한 것이 너무 많다", "체면이나 보여주기에 치우친다"라고 응답한 사람이 1995년 조사 이후 증가하고 있다. 예를 들어 "불필요한 것이 너무 많다"라고 응답한 사람은 1995년에 28.2%였는데 2014년에 33.2%가 되었다.

이러한 장례식에 대한 불만이 장의 서비스를 선택하려는 소비자 의식을 싹트게 했고 본인에게 맞는 장례식에 대해 생각하는 풍조로 이어졌다. 이때부터 신문에서는 "장송의 자유와 본인에게 맞는 장례식에 대해 적극적으로 이야기하기 시작했다"(≪요미우리신문≫, 1994년 3월 20일 자), "생애 마지막 이벤트에 자신의 의사를 반영시키고 싶다는 요구가 확산되는 것을 배경으로 넓은 의미에서 장례식의 생전 계획을 지원하는 사업이 활기를 띠게 되었다"(≪일본경제신문(日本経済新聞)≫, 1995년 7월 27일 자) 등에서 볼 수 있듯이 건강할 때 미리 장례식에 대해 생각하자는 움직임이 등장하기 시작했다고 보도한 기사

죽음과 장례의 의미를 묻는다

가 여기저기서 조금씩 보이기 시작했다.

조문객의 격감

그러나 1990년대에는 장례식 조문객이 지금과 비교하면 아직 많았다. 가나가와현(神奈川県)의 생활협동조합 장제사업부 '유키게(ゆきげ)'가 시행한 장례식의 조문객은 1996년에는 평균 180명이었지만, 2005년에는 100명을 밑돌고 2013년에는 46명이 되었다. 불과 15년 사이에 조문객이 4분의 1로 격감했다는 것을 알 수 있다.

공정거래위원회가 2005년에 전국 장례사업자에게 조사한 바에 따르면, 5년 전과 비교해 "조문객이 감소했다"라고 응답한 업자는 67.8%였는데 2016년 조사에서는 86.8%로 조문객이 더욱 감소했다.

장례식 조문객이 감소한 가장 큰 원인은 사망 연령의 고령화이다.

전체 사망자 중에서 80세 이상 고령자가 차지하는 비율은 2000년의 43.8%에서 2015년에는 61.3%로 상승했다. 더욱이 이제 사망자 4명 중 1명은 90세가 넘는다.

초고령이 되면 형제나 친구 대다수가 이미 사망한 데다 부모 사망 시에 자녀들이 정년퇴직한 상태라면 업무 관계로 찾아와 주는 조문객도 격감한다. 지금까지의 장례식은 유족과 조문객 쌍방이 허례와 체면을 중시해 온 경향이 있었지만, 자녀들이 60세를 넘으면 이런 구속으로부터 자유로워져 소규모의 저렴한 장례식이 증가하는 것은 당연하다. 더구나 고인이 90세 가까운 나이에 사망하고 자녀들이 정년퇴직한 후 상당히 시간이 지났다면, 고인의 죽음을 널리 알려 많은 조문객이 오도록 하는 것은 민폐가 된다고 생각해 화장이 끝날 때까지 굳이 알리지 않는 경우도 증가하고 있다.

가족장의 확산

필자가 조사한 바에 따르면, '가족장'이라는 단어가 신문에 처음 등장한 것은 1998년 6월 ≪도쿄신문(東京新聞)≫ 기사이다. '밀장(密葬)'이라는 말 대신 가족장이라는 말을 처음 사용한 것은 1년 전에 개업하여 참석자가 10명만 들어서도 꽉 찰 정도로 좁은 소형 장례식장에서이다. 그 장례식장에서는 제단을 꾸미지 않고 관 앞에서 가족들만 모여 독경을 하고 향을 올리는 모습이 보도되었다.

물론 그 이전에도 '밀장'이라는 형태로 가족이나 가까운 사람들만으로 장례식을 하려는 움직임은 있었다.

원래 밀장이란 나중에 본장(本葬)을 하는 경우에 사용하는 말이다. 그러나 본장을 하지 않고 가족만으로 치르는 형태의 '가족장'이 정착하기까지는 그다지 시간이 걸리지 않았다.

가족이 몇 명밖에 없다면, 지금처럼 장례식장을 이용해서 훌륭한 제단을 만들고 장의사 직원의 사회로 진행하는 장례식의 필요성을 느끼지 않는다는 유족도 생겼다. 이는 '가족장'이 좀 더 간소해진 것이다.

예를 들어 가족이 몇 명뿐이라면 철야와 장의·고별식을 이틀에 걸쳐 할 필요가 없다. '1일장', '원데이 세리머니(one-day ceremony)'라고 부르는 형식은 철야를 하지 않고 장의·고별식 또는 종교적 의식 없이 집안 식구들끼리만 고별식을 한 후, 그대로 화장하는 것이 일반적인 흐름이다. 하루에 끝나기 때문에 유족이 고령인 경우에는 신체적·정신적으로도 부담이 적은 데다 멀리서 온 친척들의 숙박비도 절약되어 유족의 부담이 적어진다는 이점도 있다.

'직장(直葬)'의 등장

장례의식 없이 가족들만 하룻밤을 지내고 화장하는 경우도 있다. 이를 '직장'이라고 한다. 미국에서는 다이렉트 뷰리얼(direct burial) 혹은 다이렉트 크리메이션(direct cremation)이라고 하는데, 장례의식을 하지 않고 매장이나 화장하는 것을 가리키며 일본에서 확산되기 이전부터 있었다.

공정거래위원회가 전국 장의업자들에게 실시한 2016년 조사에 따르면, '일반장(一般葬)'*은 감소하고 '가족장'이 증가하는 경향이 명확해진 것을 알 수 있다. 게다가 '직장'이 증가하고 있다고 응답한 업자는 26.2%였다. 실제로 장의업자가 취급한 장의 건수 가운데 '직장'은 5.5%에 머물렀지만, 도쿄에서는 직장이 이미 30% 가까이 된다는 견해도 있어서 그 비율은 지역에 따라 차이가 크다.

이른바 장례의식을 하지 않는 직장이라고 해서 유족 스스로가 '아무것도 하지 않았다'라고 생각하지는 않는다. 가족이 시신 곁에서 망자와의 추억을 회상하며 하룻밤을 보내는 것은 유족에게는 사별을 받아들이기 위한 귀중한 시간이자 유족의 연대감을 서로 확인하는 시간이기 때문이기도 하다.

한편 가족이 몇 명밖에 없어서 더욱 세심하게 준비하는 장례식을 원하는 경우도 있다. 수의(壽衣)를 취급하는 전문점은 최근 계속해서 생기고 있다. 생전에 자신의 수의를 준비하는 사람도 있기 때문에 어두운 이미지를 불식하기 위해 '마지막 여행길의 드레스' 또는 '엔딩드레스'라고 부르는 것 같다. 여성용은 주름을 많이 넣은 흰색이나 분홍색, 파란색 등 옅은 색

---

* 일반장이란 고인과 생전에 업무나 취미생활 등으로 인연이 있던 여러 사람들을 불러 대규모로 치르는 장례식을 말한다.

죽음과 장례의 의미를 묻는다

드레스가 주류이다. 기성제품이라면 10만 엔 전후이지만 맞춤으로 하면 30만 엔 이상이라고 한다.

저명한 꽃꽂이 전문가(華道家)가 디자인한 관, 3층 구조의 강화골판지로 만든 관, 조문객이 글을 남길 수 있는 관 등 관의 형태도 다양해지고 있다.

유골함도 대리석이나 구타니야키(九谷焼) 도자기 등 고급제품을 선호하는 사람도 있다. 일본을 대표하는 고급 양식기(洋食器) 제조회사인 오쿠라도원(大倉陶園)도 2016년에 유골함 시장에 진출했다.

집안의 의식

전전(戰前)까지의 메이지 헌법하에서는 장례나 결혼식은 '집안의 의식'이라고 생각되어 왔다. 하지만 가치관은 하루아침에 변하는 것이 아니기 때문에 이러한 사고방식은 전후 수십 년이 지나도 지속되고 있다.

예를 들어 결혼식은 개인과 개인이 맺어진다고 하기보다는 집안과 집안이 연을 맺는 의식이라고 생각되어 왔다. 그래서 최근까지도 결혼식 초대장의 발송인은 신랑·신부가 아니라 양가 부모의 이름으로 보내는 것을 당연하게 여겼다. 예전에는 피로연장 입구에 'ㅇㅇ·ㅇㅇ 양가 피로연'이라고 쓰인 안내

판이 있었지만 최근에는 신랑·신부의 이름을 쓰는 식장도 늘었다.

마찬가지로 장례식도 집안의 의식으로 가독(家督) 상속자인 차기 가장(家長)을 공개한다는 역할이 있었다. 그래서 상주를 누가 맡을 것인지가 매우 중요했다. 최근까지 남편의 장례식에 부인이 아닌 아들이 상주를 맡는 경우가 많았던 것은 메이지 민법하의 사고방식의 잔재이다. 고인과 같은 성(姓)의 남성이 상주를 맡는 것도 마찬가지다.

최근에는 자녀의 유무에 상관없이 남편이 사망하면 부인이 상주를 맡는 것이 일반화되고 있다. 그러나 고인이 초고령이라면 배우자도 마찬가지로 고령이기 때문에 개호나 간호가 필요한 상황이어서 도저히 상주를 맡을 수 없는 경우도 생기고 있다. 그런 경우에는 '장남과 차남 이하의 직계 남자, 장녀, 장녀 이하의 직계 여자, 고인의 부모, 고인의 형제자매' 등 고인과 혈연이 가까운 순서대로 상주를 결정하도록 조언을 하는 장의사도 있다. 그러나 가족이 없는 경우에는 입소해 있던 개호시설의 대표자 등이 상주를 맡는 경우도 있고, 회사 사장이 사망한 경우의 회사장에서는 새로운 사장과 유족이 함께 상주를 맡는 일도 있다.

그렇지만 본인이야말로 한 집안의 대표라고 생각하는 사람이 여럿 등장해서 종종 문제가 발생하는 경우도 있다.

죽음과 장례의 의미를 묻는다

체면과 허례

　오랫동안 집안의 의식이라고 여겨왔던 결혼식과 장례식에
는 체면과 허례가 지나치게 중시되어 왔다. 고도성장기부터
거품경기 시기에 걸쳐 대형 예식장에서 화려한 피로연이 정착
한 것도 호경기만이 아니라 체면과 허례가 그 배경에 있었다
는 점을 부정할 수 없다. 신랑, 신부와는 일면식도 없는 양친
의 업무 관계자의 축사는 당연했고, 신랑 측과 신부 측의 하객
수가 맞지 않을 경우에는 하객 대행 서비스를 이용하는 사람
도 있었을 정도이다.

　장례식장에 누가 보낸 화환이 있는지 누구에게서 조전(弔
電)이 왔는지가 조문객의 관심사였다. 유족의 입장에서는 누
구나 알고 있는 대기업이나 저명인사로부터 화환이나 조전이
오는 것이 조문객에 대한 일종의 허세였다. 지방에서는 부고
를 지역신문에 게재하면 고인이나 유족과는 일면식도 없는 시
의원이나 현의원, 국회의원으로부터 조전이 오는 경우가 있
다. 실제로 선거구의 모든 장례식에 조전을 보내는 정치가가
적지 않아서 "선거철이 다가오니 정치가로부터 많은 조전이
온다"라며 야유하는 사람도 있다.

　거품경기 시기에 조문객이 많았던 것도 조문객의 체면치레
요소와 무관하지 않다. 고인과 전혀 일면식이 없는데도 유족
의 업무 관계로 조문하는 사람이 많았다. 회사의 영업 담당자

중에는 거래처 가족의 장례식에 얼굴을 보이고 접수처에 명함을 두고 온다든지, 방명록에 이름을 남기고 오는 것이 거의 업무처럼 되었던 것을 부정할 수 없다. "거래처의 총무 직원과 친하게 지내며 사원 가족의 부고를 얼마나 빨리 파악할 수 있는지가 영업사원의 수완이다"라고 큰소리치는 사람의 이야기를 듣고 깜짝 놀랐다.

그 당시 조의금을 교제비로 처리할 수 있었던 것도 의리상 조문하는 사람의 증가에 박차를 가했다. 의원의 조전도 여기에 해당하지만, 돌아가신 분과 안면이 없는데도 자기 업무를 위해 장례식에 참석하는 사람도 있었다.

이런 실태에 염증을 느낀 유족이 앞으로는 가족이나 아주 가까운 사람들만 불러 장례식을 치르겠다고 하는 것도 이상한 일은 아니다.

계명(戒名)

거품경기 시기에는 멋지고 장황하게 계명이 쓰인 위패가 제단에 안치되고 그 앞에 승려들이 나란히 서서 독경하는 모습도 당연하게 여겨졌다. 경기가 좋다고 신앙이 돈독한 사람이 많아지는 것은 아니다. 장례식에 승려를 많이 불러 긴 법명을 붙이는 것은 유족의 허세 때문이라고 볼 수밖에 없다.

죽음과 장례의 의미를 묻는다

원래 계명(정토진종에서는 법명, 일련종 계열에서는 법호라고 부름)이란 불제자가 되었다는 증표이다. 본래는 사망했을 때 지어주는 이름이 아니라 생전에 받는 것이다. 그렇지만 절에 다니는 사람들이 줄어들게 되자 계명은 사망했을 때 승려가 지어주는 것이 되어 '계명=망자의 이름'이라는 오해가 생겨났다.

흔히 등급이 가장 높다고 알려진 계명은 'ㅇㅇ원 ××△△거사'라는 순서로 배치된다. 위에서 차례로 ㅇㅇ은 '원호(院号)', ××은 '도호(道号)', △△은 '법호(法号)', 그리고 거사(居士)나 대자(大姉)라는 '위호(位号)'가 붙지만, 정토진종에서는 도호나 위호를 붙이지 않는다. 일련종에서는 도호에 '법(法)'이나 '묘(妙)'라는 문자가 많이 쓰이는 등 종파에 따라 붙이는 방법은 다양하다. 본래의 계명은 법호와 위호 4문자밖에 없다.

계명은 절에 대한 공헌도나 인품 등을 고려해서 보리사의 주지가 수여하는 것이 원칙이다. 그러나 고도성장기 이후 돈을 내면 얼마든지 등급이 높은 계명(원호나 도호가 붙은 계명)을 받을 수 있다는 풍조가 만연하여 유족의 허세에 이용되었다. 어느 정토진종 승려는 "정토진종에서는 원호가 없다"라고 유족에게 아무리 설명해도 "어떻게 해서라도 원호를 받고 싶다"라며 부탁하는 유족이 적지 않다고 했다.

최근 가족장이나 조문객이 적은 장례가 늘면서 유족은 허세를 부릴 필요가 없어지게 되어 계명의 필요성에 문제를 제기하는 사람이 늘어나고 있다. 계명을 받기 위한 비용이 많고 적

고의 문제를 떠나서 부모가 붙여준 이름(속명) 그대로가 좋다고 생각하는 사람도 있다.

보시(布施)

장의사가 장례비 견적서를 제공하게 되면서 비용 및 내용이 구체적이고 투명해지고 있다. 이에 비해 보시는 '성의껏 내는 것'이라는 말에 불만을 갖고 있는 사람이 많다. 보시란 자신의 집착을 버린다는 불도수행의 하나로, 금품의 희사뿐만 아니라 타인이나 사회를 위해 일하거나 웃는 얼굴로 사람을 대하는 일도 중요한 보시로 여겨진다. "성의껏 내십시오"라고 승려가 말하는 것은 그 때문이다.

따라서 '계명료'나 '독경료' 등 승려에 대해 사례나 보수로 지불하는 보시는 있을 수 없으며, 원칙적으로 보시에 정해진 가격이나 시세는 없다. 그러나 현실은 반드시 그렇지 않다.

필자의 친구는 몇 년 전에 부친이 작고했을 때, 도쿄 23구 내에 있는 보리사에서 이미 타계한 조부모에게 원호가 있다는 이유로 부친에게도 원호를 붙였다. 그때 "시주금은 100만 엔"이라고 주지가 제시했다고 한다. 누구나 쉽게 낼 수 있는 금액이 아니어서 너무 비싸다는 불만을 갖는 것도 당연할 것이다.

지방에서는 이 금액의 10~20% 정도의 시주가 일반적이다.

죽음과 장례의 의미를 묻는다

또한 시주 금액에 대해서도 승려 사이에서 의견이 갈린다. 보리사는 단가(檀家)의 지원으로 운영되고 시주는 절의 유지비로 사용되기 때문에 단가 수나 절의 규모에 따라 사정이 다르다.

그렇지만 승려가 "성의껏 내십시오"라고 하더라도 "다른 사람은 얼마를 시주했을까?"라며 어느 정도를 내면 좋을지 신경을 쓰는 것도 체면이나 허례가 상당히 있기 때문이다.

유족뿐만 아니라 조문객의 체면도 있다. 예를 들면 "조의금과 화환은 정중히 사절합니다"라는 이야기를 사전에 유족에게 들었어도 조문을 하러 갈 때 봉투를 미리 준비하는 사람이 많을 것이다. "모두가 조의금을 내는데 자신만 유족의 말을 그대로 받아들여 내지 않는다면 모양새가 우습다"라는 기분이 들지도 모른다.

장례식의 본질은 무엇인가

장례식이란 무엇인가? 임종 단계에서부터 사후 공양까지의 시신 처리와 진혼의 의미를 담아 망자를 장사 지내는 일련의 의례를 '장송의례'라고 한다. 흔히 말하는 장례식은 임종과 사망 직후부터 행하는 장송의례의 일부이다.

985년에 겐신(源信)이라는 승려가 지은 『왕생요집(往生要集)』에는 종말기의 사람을 보낼 때의 마음가짐이나 예법 등을 정리한 부분이 있다. 왜냐하면 예전에는 승려 등의 종교인이 임종에 입회하여 저세상으로 보내는 가교 역할을 했기 때문이다. 지금으로 말하면 호스피스 역할이다.

자택에서 사망하는 것이 일반적이었던 때에는 망자가 저 세상에서 갈증으로 괴롭지 않도록 임종 직전에 '마쓰고노 미즈(末期の水)'라는 물로 입술을 축여주거나, 따뜻한 물로 시신을 깨끗하게 닦는 관습이 있었다. 지붕 위나 우물 밑을 향해 고인의 이름을 외쳐 혼을 불러오는 초혼(招魂) 의식도 행해졌다고 한다.

다이쇼 시대(1912~1926)의 가정학 책인 『가정강화(家政講話)』에는 임종이 가까워지면 더러워진 침상과 주변을 깨끗하게 정리하여 조용히 임종을 맞도록 하고, 의사의 사망 판정을 받은 후에는 망자의 옷을 벗겨 소독약으로 전신을 닦아낸다는 절차가 기재되어 있다(嘉悦, 1982). 또한 『응용 가사교과서(応用 家事教科書)』에도 호흡이 끊어지면 우선 의사의 검진을 받은 후, 반듯하게 눕혀 눈과 입을 닫고, 소독약으로 전신을 닦고, 의복을 갈아입히고, 백포(白布)로 덮어 모습이 추하지 않도록 한다. 그리고 의사의 진단서를 첨부해 사망신고를 하는 등의 절차가 상세하게 적혀 있다(大江, 1982). 요즘에는 이런 일은 병원이나 장의사가 대행하지만, 본래는 가족들이 소중한 사람의 죽음을 받아들이는 준비를 하는 중요한 과정이다.

일반적으로 말하는 장례식은 이런 준비가 끝난 후 철야를

죽음과 장례의 의미를 묻는다

하고 다음 날 장의식, 고별식으로 이어진다.

또한 가족만으로 장례식을 끝내고 후일 고인의 친구나 지인을 불러 고별식이나 추도회를 하는 방법도 있다. 탤런트나 배우 등 저명인사 중에서도 우선 가족만으로 장례식을 하고 후일 팬이나 동료가 참가하는 고별식을 하는 경우가 늘고 있다.

한편 '생전장(生前葬)'을 하고 싶어 하는 사람도 있다. 사망후에는 조문객들에게 감사의 마음을 전할 수 없기 때문에 생전에 스스로 자신의 장례식을 주최한다는 취지이다. 어느 여성은 암이 진행되어 반년밖에 살 수 없다는 진단을 받은 것을 계기로 친구들을 불러 생전장을 했다. 죽으면 화장만 해주면 좋겠다는 것이 평생 독신으로 살아온 그 여성의 소망이었다. 생전장을 하고 싶다는 연락을 받은 친구들 가운데는 그녀의 생이 얼마 남지 않았다는 사실에 처음에는 당황하여 참석을 주저하는 사람도 있었는데, 실제로 참석해 보니 아쉬움 없이 이별할 수 있어서 좋았다고 한다. "죽으면 화장만 해주기 바란다"라는 부탁대로 장의사 직원은 그녀를 화장해 주었다.

장의사 업무도 변화하고 있다

장례식의 의미가 변화하는 가운데 장의사 업무의 내용도 조금씩 달라지고 있다. 장의사의 도움 없이 장례식을 치를 수 없게 된 것은 도시는 고도성장기 이후이고 지방은 최근 들어서이다. 장의사에서 일하기 위한 자격은 따로 필요하지 않다. 그러나 사람의 죽음을 취급하는 일이기 때문에 365일 언제 어느 시간에 일이 들어올지 모르는 데다 업무 내용도 병원에서의 시신 접수, 시신 운구, 장례식 준비와 진행, 유족에 대한 배려 등 다방면에 걸쳐 있다.

장의사의 업무 내용이 광범위하게 된 것은 시대의 변화에 따라 수요가 다양해졌기 때문이다. 예를 들어 병원으로 달려가 시신을 접수하는 일은 자택에서 사망하는 사람이 많았던 40여 년 전까지는 그다지 필요하지 않았다. 시신 운구도 마찬가지다. 자택에서 사망해 자택에서 장례식을 치르던 시대에는 장의사가 시신을 운구할 필요가 없었다.

예전에는 자택에서 사망하면 유족이 함께 따뜻한 물로 시신을 닦았지만, 지금은 장의사 직원이 시신을 씻기고 수염을 깎고 수의를 입히고 화장(化粧)을 하는 것이 일반적이다. 염습에서 입관까지를 장의사에게 의뢰하면 10만 엔 정도의 비용이 들지만 이제는 장의사에게 의뢰하는 것이 당연한 일이 되었다.

유족 중에는 "시신을 만지는 것이 꺼림직하다"라는 사람도 있다. 핵가족화가 진행되고 개호나 간호를 전문가 손에 맡기면서 부모가 늙고 병들어 죽어가는 모습을 옆에서 지켜보는 일이 거의 없어졌다. 부모의 시신인데도 왠지 타인과 같은 입장이 되어 '기분이 꺼림직하다'라고 느끼게 되는 것에는 이러한 배경이 있다.

2008년에 상영된 『오쿠리비토(おくりびと)』라는 영화가 크게 화제가 되어 납관사(納棺師)라는 전문 직업이 알려지게 되었다. 대부분의 장의사에서는 직원이 납관까지 맡아서 하기 때문에 납관만을 담당하는 전문 직원은 따로 없다. 사고로 사망한 후 며칠이나 경과해 시신의 복원이 필요하지만 장의사 직원이 대응할 수 없는 경우에는 납관 전문가에게 의뢰한다. 시신에 수의를 입히고 납관하는 일을 유족이 해왔던 시대에는 이러한 전문 직업은 존재하지 않았다.

유족을 돌보는 것도 예전에는 이웃 사람들의 역할이었다. 불교식 장례식에서 사망 후 1주기가 될 때까지는 초칠일과 49일에 재를 올리는데 예전에는 7일 간격으로 재를 올렸다.

요즘은 초칠일과 49일도 간소화되어 화장한 날에 앞당겨서 초칠일재를 올리는 경우가 많아졌다. 도쿄와 같은 대도시에서는 '장례식 중의 초칠일재'라는 말도 생겼고, 화장장으로 향하는 출관 직전에 발인에 이어 초칠일재를 올리는 경우도 많다.

7일 간격으로 재를 지내는 것은 종교적인 의미보다 주변 사람들이 일주일마다 유족의 모습을 지켜봐 준다는 유족 돌봄의 의미가 있었다. 장례식이나 화장하는 날 초칠일재를 올린다면 굳이 초칠일을 지킬 필요는 없지 않을까?

초칠일재를 앞당겨 지낸 후에 함께 하는 식사를 '쇼진아게(精進上げ)' 또는 '쇼진오토시(精進落とし)'라고 하는데 본래는

49재 후의 식사를 가리킨다. 친척이 같은 지역에 살고 있었던 시대와는 달리 친척과의 교류가 거의 없어지고 쇼진오토시도 마쳤기 때문에, 49재는 고인과 아주 가까운 사람들만으로 올리는 경우가 많아졌다. 매달 기일과 같은 날짜(月命日)에 승려가 유족을 방문하는 관습이 없어진 지역에서는 유족의 모습을 지켜봐 주는 기회가 사라졌다.

장의사 중에는 유족 간 교류회를 주최하거나 유족의 법적인 상담에 응하는 곳도 있다. 장례식이 끝나도 장의사가 유족에 대응할 수밖에 없게 된 사정은 이러한 점에 있을 것이다.

시신 호텔

시대의 요구에 맞추어 장의사의 역할도 변화하고 새로운 사업 형태도 출현하고 있다. 그중 하나가 '시신 호텔'이다.

일본 후생노동성은 '재택의료·개호안심 2012'라는 플랜을 내걸고 재택 사망을 추진하고 있지만 현재는 자택에서 사망하는 사람이 매우 적다. 병원이나 시설에서 사망하면 유족이 미리 장제업자를 결정해 둔 경우를 제외하고는 병원과 제휴한 장의사가 시신 운구를 담당하는 경우가 많다. 공정거래위원회가 2005년에 실시한「장의 서비스 거래 실태에 관한 조사」에 따르면, 사망 전에 미리 장의사를 선정한 유족은 18.4%에 지나지

죽음과 장례의 의미를 묻는다

않았고 아무 준비도 하지 못한 유족은 65.1%나 되었다. 장의 업자에게 시신 운구는 장례식 계약으로 이어지는 기회가 된다.

병원도 시신을 신속하게 옮겨주는 장의사는 고마운 존재이다. 인수자나 연고자가 없는 시신이 병원에 며칠씩이나 머물지 않는 것은 장의사가 바로 인수해 가기 때문이다. 서로의 이해가 일치하는 병원과 장의사의 관계이지만 최근 몇 년 사이 시신 운구 모습도 변화하고 있다. 자택에서의 장례식이 감소하고, 장례식장에서 철야나 고별식을 하게 되면서 시신을 병원에서 자택으로 옮길 필요가 없어진 것이다.

이전에는 장례식을 자택에서 치르지 않더라도 시신을 일단 자택에 안치하는 유족이 많았지만, 최근에는 이웃 사람의 눈을 의식해 시신을 집안으로 들이는 일을 꺼리는 유족이 많아졌다. 이웃과의 교제가 거의 없어진 데다 가족을 중심으로 한 조촐한 장례식이 주류가 되면서 시신을 자택으로 옮겨오는 것을 이웃에게 보이고 싶지 않은 것이다. 아파트에 시신을 운반할 수 있는 엘리베이터가 없다든지 집안에 물건이 가득 차 있는 등 주택 구조상의 문제로 시신을 들여오기 힘든 경우도 있다.

장의사가 시신 운구를 할 때 가장 곤란한 경우는 자택에는 안치하고 싶지 않고 그렇다고 달리 옮길 곳도 정하지 못한 유족이다. 어느 업자는 유족이 시신을 안치할 곳을 결정할 때까지 몇 시간이나 병원 주변을 맴돈 적이 있다고 한다. 물론 병원과 제휴한 운구업자에게 의뢰하면 그곳 시설에 안치해 주는

데, 그렇게 되면 장례식을 그 업자에게 의뢰할 수밖에 없다. 병원에서 시신을 옮길 장소가 없어 운구업자에게 장례식을 의뢰하는 유족이 상당수 있지 않을까 생각된다.

그렇지만 유족이 몇 명밖에 되지 않고 화장만으로 끝내려고 할 때는 화장할 때까지 시신을 안치할 장소를 찾지 못해 곤란한 경우도 있었다.

이러한 이유로 시신 안치 전용 시설이 새로운 사업으로 주목받고 있다.

도쿄도 내의 화장장에는 이전부터 냉장 안치 시설이 병설되어 있었지만, 최근 몇 년 사이에 시신 안치 전용 시설이 계속 생기고 있다. 최근에는 '영안실'이 아니라 '시신 호텔', '퓨너럴 아파트먼트(funeral apartment)'라고 불리는 것이 특징이다. 시신 안치를 하는 이러한 사업은 창고업으로 허가를 받으면 되기 때문에 기업의 진입 장벽이 낮다. 장제업과 영구운송업 외에 다른 업종이 경영하는 시신 안치 시설도 있어서 장의사를 결정할 때까지 이러한 안치 시설에 시신을 맡기는 것도 가능하다.

숙박비는 1박에 5000엔에서 3~4만 엔 정도로 다양하다. 관을 냉장 시설에 보관하는 곳이 있고, 관 속에 드라이아이스를 넣은 상태로 보관하는 곳도 있다. 유족이 시신과 24시간 언제라도 면회할 수 있는 방이나 적은 인원이 간단한 고별식을 할 수 있는 방을 갖춘 시설도 있고 시신만을 맡는 시설도 있다.

죽음과 장례의 의미를 묻는다

시신 안치 전용 시설 내부

　낡은 비즈니스호텔을 개조해 호텔 영업허가를 받은 시신 안
치 시설도 있다. 세면과 샤워 등의 숙박시설이 완비되어 유족
도 같은 층에서 숙박할 수 있는 것이 특징이다. 장례식은 가족
몇 명이 조촐하게 하거나 화장만 하고자 하는 유족의 수요가
높아지고 있는 것도 이러한 사업이 성장하는 배경일 것이다.

시신을 아름답게 ①: 임바밍(Embalming)

　소중한 사람의 죽은 얼굴은 사람들의 기억에서 몇 년이 지나도 지워지지 않는다. 독거 생활 등으로 시신의 발견이 늦어진 경우나 사건·사고로 손상이 심한 시신은 유족에게 큰 충격과 슬픔을 준다. 고통스럽게 일그러진 고인의 얼굴이 유족의 뇌리에서 사라지지 않아 유족은 언제까지나 고통스럽다.

손상된 시신을 생전의 모습에 가깝게 처리하는 것은 남겨진 유족에 대한 세심한 배려이다. 그 하나의 방법으로 '임바밍(시신 위생 보존)'이 있다. 시신을 깨끗이 씻기고 정맥에서 혈액을 빼낸 후, 동맥으로 방부액을 주입하여 시신의 부패를 막고 필요에 따라 얼굴 등에 복원 처치를 한다.

방부처리를 하면 시신이 부패하지 않기 때문에 화장을 서두르지 않아도 된다는 이점이 있다. 적색 방부액을 사용하므로 혈색이 좋다는 특징도 있다. 일본에서는 며칠에 걸쳐 장례식을 하지 않으며 사망 후 수일 내에 화장하기 때문에 부패 방지를 위해서라면 드라이아이스로 충분할지도 모른다. 그러나 방부처리를 한 시신은 투병의 흔적이나 사후 경직이 없어져서 편안한 얼굴이 된다.

또한 감염증으로 사망한 경우, 유족이 얼굴을 가까이 하면 감염될 가능성도 있지만 방부처리를 하면 감염을 피할 수 있다는 이점도 있다. 그 외에 일본에서 사망한 외국인이나 반대로 외국에서 사망한 일본인의 시신을 본국으로 운구할 때 임바밍을 의무화하고 있는 나라도 적지 않다. 연명치료나 고도화된 의료에 의해 시신의 부패 속도가 빨라지고 있으며, 가족장이 증가하면서 고인을 아름답게 보내드리고 싶다는 유족의 의향이 강해지고 있어 유족에 대한 배려의 관점에서도 임바밍의 수요가 늘고 있다.

유럽과 미국에서는 조문객이 시신과 마지막으로 대면하는 의식이 있어 시신을 위생 처리하는 것이 일반적이다. 필리핀이나 싱가포르, 태국 등 동남아시아에서도 사망한 후 바로 매장하는 무슬림 외에는 더위에 부패하지 않도록 임바밍을 하는 경우가 많다.

일본에 임바밍이 도입된 것은 1988년이다. 위생보존처리시설이 가입하는 일반사단법인 일본유체위생보전협회(IFSA)에 따르면, 이해에 임바밍된 시신은 불과 191구였다. 그 후 본격적으로 행해지게 된 것은 1995년의 한신·아와지대지진(阪神·淡路大震災)이 발생한 시기이다. 화장장이 붕괴했거나 신원불명인 시신의 확인 작업에 시간이 걸려서 화장하기까지 상당한 시간이 소요된 것이 계기였다.

최근 몇 년 사이 임바밍을 선택하는 시신은 점점 늘어 2011년에는 2만 3000구 이상, 2015년에는 3만 3000구 이상이 처리되고 있다. 임바밍시설은 21개 도도부현(都道府県)에 2000년에 18개소, 현재는 55개소로 최근 15년 사이에 그 수가 증가한 것을 알 수 있다. 요금은 업자에 따라 다르지만, 15만 엔에서 20만 엔 정도인 것 같다.

일본 형법 제190조에는 "시신, 유골, 유발(遺髪) 또는 관에 넣은 물건을 파괴하거나 유기, 횡령한 자는 3년 이하의 징역에 처한다"라고 되어 있다. 1992년에 일본 후생성(厚生省, 현재 후생노동성)은 적정한 임바밍이 이루어졌을 때는 위법이 아니라는 견해를 제시한 바 있다.

IFSA에서는 임바밍에 대해 다음과 같은 자율 기준을 설정했는데, 그 기준에 따를 경우 임바밍은 시신손괴죄에 해당하지 않는다.

- 본인 또는 가족의 서명에 의한 동의에 의거하여 행할 것
- IFSA로부터 인정을 받아 등록한 고도의 기술 능력을 갖춘 기술자가 행할 것
- 처치에 필요한 혈관 확보와 체강(体腔) 방부를 위해 최소한으로 절개하고, 처치 후에 봉합과 복원 조치를 할 것
- 처치 후 시신보존기간은 50일을 한도로 하여 화장 또는 매장할 것

임바밍뿐만 아니라 최첨단 기술혁신은 시신 복원 분야에도 응용되고 있다. 중국 상하이시의 장례식장에서는 2016년부터 3D 프린터로 시신의 손상 부분을 복원하는 서비스를 개시했다. 베이징시에서도 2017년부터 시작했다. 사고로 시신의 얼굴이 손상되어도 모발 이식과 얼굴 화장으로 90% 이상 생전의 얼굴로 복원할 수 있다고 한다. 3D 바이오 프린터로는 간

죽음과 장례의 의미를 묻는다

장이나 신장, 심장, 췌장 등의 장기를 만드는 것이 가능하므로 시신 복원이 어렵지는 않은 것 같다.

필자는 2017년에 상하이시의 장례식장에서 '3D 프린트 시신 복원실'을 견학할 기회가 있었다. 옛날부터 유럽에서는 석고나 밀랍으로 고인의 얼굴형을 떠서 만든 데스마스크(death mask)를 자택에 안치하거나 초상화를 그릴 때 자료로 사용했다고 한다. 3D는 현대판 데스마스크라고 생각하면 좋을 것이다. 유족의 슬픔을 덜어주기 위해 이러한 기술을 활용하는 것이 좋을지 모르겠지만, 아무리 닮았다고 해도 고인의 얼굴 그 자체는 아니기 때문에 놀라거나 거부감을 느끼는 사람도 적지 않다.

시신을 아름답게 ②: 엔젤케어와 납관사

요즘은 병원에서 사망하는 사람이 많기 때문에 사망한 병실에서 간호사가 사후 처치를 하는 것이 일반적이다. 이를 '엔젤케어'라고 부른다.

인공호흡기나 수액 등의 의료 기구를 제거하는 것은 물론이고 체내에 남아 있던 배설물을 빼내고, 알코올로 몸 전체를 닦아내고, 입안을 깨끗이 하고 틀니를 넣어 입을 다물게 하는 것도 엔젤케어의 중요한 역할이다.

몇 년 전 지인이 사망했다는 부고를 받고 철야 전에 달려간 일이 있다. 고인의 입이 벌어져 있어서 치아가 없는 입안이 훤히 들여다보였고 생전에 사용했던 틀니는 거즈에 싸여 관 안에 놓여 있었다. 젊은 시절 교사였던 지적인 고인의 모습이 너무나 딱해 보였다. "어떻게 안 될까요?"라고 장의사 직원에게 물었더니 "이미 사후경직이 되어서 어떻게 할 수가 없다"라고 했다. 직원이 수건을 접어서 턱밑에 고여 아래턱을 고정하려고 했지만 결국 입을 다물게 할 수는 없었다.

사망한 사람의 입이 벌어져 있어도 "사망했으니 어쩔 수 없지"라고 생각하는 사람이 있을지도 모른다. 실제로 철야나 장례식에서 입이 벌어져 있는 고인의 모습을 보는 일은 흔하다. 그러나 이것은 고인의 존엄에 관계되는 문제가 아닐까 한다.

전문적인 지식을 가진 납관사는 벌어져 있는 입을 다물게 할 수 있다. 사후경직이 된 시신의 근육이나 관절을 풀어서 수의를 갈아입히는 일도 납관사의 일이다.

또 다른 지인은 병원에서 사망했을 때 입고 있던 유카타(浴衣) 차림으로 자택에 돌아왔다. 유족은 고인이 좋아했던 양복으로 갈아입히고 싶다고 장의사에 상담했지만, 직원은 "사후경직으로 갈아입힐 수 없으니 시신 위에 덮어두면 어떻겠습니까?"라고 유족에게 말했다고 한다. "어떻게 해서든 고인에게 그 옷을 입혀드리고 싶다"라고 유족에게서 요청을 받은 필자는 아는 납관사에게 연락해 장의사의 허락을 얻어 유족의 희망대로 양복으로 갈아입혔다. 시신 위에 양복을 걸치는 것과

죽음과 장례의 의미를 묻는다

고인에게 실제로 입히는 것은 타인의 입장에서는 별 차이가 없을 수 있지만 유족의 감정은 전혀 다르다. 사망 후 시간이 경과하면 장의사 직원도 쉽게 양복으로 갈아입힐 수 없다.

시신 화장(化粧)도 마찬가지다. 고인의 얼굴에 황달이 있거나 상처가 있는 경우도 있고 긴 와병으로 식사를 못 하게 되면 얼굴이 붓거나 눈이 움푹 파여 인상이 변해버린다. 유족이 고인에게 사후 화장을 하는 경우도 많지만 일반적인 화장과는 방법이 다르기 때문에 납관사에게 맡기는 쪽이 더 나을 것이다.

엔젤케어나 납관사의 역할은 유족의 슬픔을 덜어주고 고인의 존엄을 지켜주는 것이라고 생각한다.

장례식은 어떻게 될 것인가

최근 20년간을 돌이켜 보면 장례식의 형태는 크게 변해왔다. 일본 공정거래위원회의 2016년 조사에 따르면, 최근 5년간 장례식 1건당 매출은 "감소하고 있다"라고 응답한 장례업자가 79.0%나 되기 때문에 20년간의 기간을 살펴본다면 더욱 큰 변화가 있을 것이다.

그렇다면 향후 장례식은 어떻게 변해갈 것일까? 외양만으로 보면 우선 제단이 없어지지 않을까 생각된다.

장례식 제단이 생겨난 것은 쇼와 시대(昭和時代, 1926~1989)*

에 들어와서이다. 고도성장기에는 '장례식 = 제단'이라는 이미
지가 정착되고 점점 장식이 화려해지고 커졌다. 장례식에 체
면과 허례의 요소가 영향을 끼친 것은 시대의 산물이라 할 수
있다. 앞으로의 장례식에는 이러한 체면이나 허례 요소는 약
화되어 남에게 보이기 위한 장례식은 앞으로도 계속 감소할
것이다. 조문객이 줄어들고 가족을 중심으로 한 장례식이 늘
어나게 되면 체면이나 허례를 신경 쓸 필요가 없기 때문이다.
말하자면 장례식을 하지 않고 화장만으로 끝내는 직장(直葬)
도 늘어날 것이다.

한편, 3대가 한자리에 모이는 기회로 장례식의 새로운 형태
를 제안하는 움직임도 있다. 장례식은 죽은 사람과 그 사람을
떠나보내는 유족, 쌍방이 없으면 성립하지 않는다. 죽는 사람
은 많아지는 반면, 보내는 사람이 감소하면 장례식 규모가 점
점 작아질 것은 당연하다. 그러므로 죽은 사람과 남겨진 사람
과의 관계성 구축이 요구된다.

환갑이라고 하면 자녀나 손자가 60세가 된 조부모를 축하하
는 것이 지금까지의 모습이었다. 그렇지만 오늘날은 60세에도
현역으로 일하는 사람이 많아져 '할아버지', '할머니'라는 이미
지가 없어졌다. 누구나가 60세를 맞는 것이 당연해져 환갑은
장수를 축하한다기보다 인생의 전환기가 되는 60번째 생일을

---

* 쇼와(昭和)는 천황의 즉위를 기준으로 해를 세는 연호의 하나이다.

　　　　　　　　　　　　죽음과 장례의 의미를 묻는다

축하하는 의미로 변화하고 있다.

특히 달라진 점은 환갑을 축하하는 사람들의 모습이다. 젊은이들의 만혼(晩婚), 비혼(非婚)이 진행되어 부모가 60세가 되었을 때 자녀가 아직 결혼하지 않은 경우도 적지 않다.

환갑 축하에 동석하는 자녀가 아직 결혼하지 않았다면 손자도 없다. 반면에 오늘날에는 60세가 된 자녀를 노부모가 축하하는 시대가 되었다. 축하해 줄 자녀가 있다면 그래도 다행이지만, 생애미혼율의 상승으로 환갑 당사자가 결혼하지 않은 경우도 많다.

자녀나 손자의 유무와는 별개로 환갑이 된 아들이나 딸을 축하해 주는 사람은 다름 아닌 노부모이다. 아들이나 손자와 따로 살고 있어서 여름휴가나 연말연시 정도밖에 만날 기회가 없는 고령자에게 자녀의 환갑은 3대가 얼굴을 마주할 수 있는 생전의 마지막 기회일지도 모른다. 그런 의미에서 자녀의 환갑은 부모에게 생전장의 의미도 포함하고 있는 것은 아닐까?

장례식은 남겨진 사람 간에 관계를 재확인하는 기회이기도 하다. 장례식을 단순한 시신 처리 의식으로 끝내지 않기 위해서는 사람과 사람의 유대가 없으면 안 된다. 그것이 장례식의 향방을 크게 좌우할 것이다.

제3장

묘는

어떻게 될 것인가

참배 흔적이 없는 묘

화장문화가 보급된 것은 1930년대

사람이 사망하면 시신을 화장(火葬)해 유골을 묘에 안치하는 것이 당연하다고 생각하는 사람이 많지만, 일본에서는 이런 관습이 그다지 오래된 것은 아니다. 예전에는 주로 매장을 했기에 화장률이 50%를 넘은 것은 1935년이다. 지금부터 약 45년 전인 1970년에도 매장률은 20.8%였기 때문에 사망자 5명 중 1명은 매장했다는 계산이 나온다(그림 3-1).

현재 일본은 화장률이 99.9%나 되는 화장대국이지만, 1695년에 에도 시대 유학자 가이바라 에키켄(貝原益軒, 1630~1714)이 출판한『속 와칸메이스(續和漢名數)』3권에는 예전에는 매장이나 화장 이외에 수장(水葬), 야장(野葬), 임장(林葬)이 행해졌다고 기록되어 있다.

야장은 시신을 벌판 등에 안치하는 것인데, 동굴 등에 안치된 시신이 비바람을 맞으면서 백골화되는 풍장(風葬)도 야장의 하나이다. 오키나와(沖繩)의 구다카지마(久高島)에서는 1960년대까지 풍장이 남아 있었다고 한다. 오키나와전투에 사용된 우라소에시(浦添市)의 피난 벙커는 풍장이 행해졌던 신성한 장소였다는 사실이 밝혀졌다. 임장은 시신을 숲속에 안치해 새와 짐승이 먹도록 하는 것인데, 티베트 등에서 독수리가 시신을 먹는 '조장'이 잘 알려져 있다.

현재 일본에서 인정되는 장법(葬法)은 화장, 매장, 수장이

그림 3-1

화장률의 변천 (단위: 년, %)

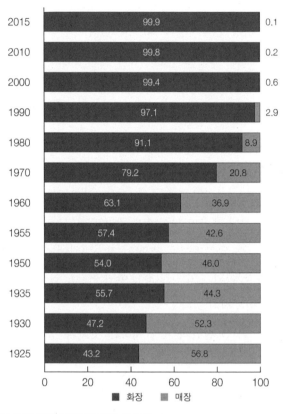

연도	화장	매장
2015	99.9	0.1
2010	99.8	0.2
2000	99.4	0.6
1990	97.1	2.9
1980	91.1	8.9
1970	79.2	20.8
1960	63.1	36.9
1955	57.4	42.6
1950	54.0	46.0
1935	55.7	44.3
1930	47.2	52.3
1925	43.2	56.8

■ 화장 ■ 매장

자료: 일본 후생노동성, 「위생행정보고례」(각 연도).

다. 이 중에서 수장은 누구나 할 수 있는 장법은 아니다. 선원
법 제15조에는 "선장은 선박 항해 중 선내에 있는 자가 사망한
경우, 국토교통성령에 정해진 바에 따라 시신을 수장할 수 있
다"라고 규정하고 있다. 이에 해당하지 않는 경우에는 수장이

죽음과 장례의 의미를 묻는다

불가능하기 때문에 화장이나 매장 중 양자택일해야 한다.

그러나 대도시 대부분은 매장을 시정촌조례로 금하고 있고, 조례를 제정하지 않은 지자체에서도 특별한 이유가 없는 한 매장을 허가하지 않는 것이 현재 상황이다.

또한 종교적인 이유로 매장만 해야 하는 경우도 있다. 일본에는 무슬림 재류외국인이 약 10만 명, 무슬림과의 국제결혼 등으로 개종한 일본인이 약 1만 명 있다. 무슬림은 종교상의 이유로 매장밖에 할 수 없다. 2017년 6월 현재, 무슬림 전용 매장 구획은 홋카이도 요이치초(余市町), 야마나시현 고슈시(甲州市), 시즈오카시(静岡市), 이바라키현(茨城県)의 쓰쿠바미라이시(つくばみらい市)와 오미타마시(小美玉市), 와카야마현(和歌山県)의 하시모토시(橋本市) 등 6개 지역밖에 없다. 애당초 매장을 허가하는 지자체가 대도시에는 적은 데다 매장을 꺼려하는 주민이 많기 때문에 매장할 수 있는 묘지를 확보하기 어렵다. 그렇지만 향후 일본에서 무슬림 사망자가 늘어날 것으로 예상되기 때문에 이런 추세로는 묘지가 부족하게 되는 문제에 직면할 것이 분명하다.

왜 묘석을 사용하는가

매장이든 화장이든 현재처럼 묘에 묘석(墓石)을 세우기 시작한 것은 에도 중기 이후의 일이다. 그러나 그것도 대부분은 개인 또는 부부의 묘이고, 현재처럼 ○○가(家)의 묘는 아니었다. 에도 시대에 서민에게는 '이에' 의식이 그다지 없었지만, 앞에서 언급한 바와 같이 당시에는 에도나 오사카 등을 제외하고는 매장이 주류였기 때문이기도 하다.

현재와 같은 ○○가의 묘가 보급된 것은 메이지 시대 이후의 일이다. 그렇지만 1970년도에 20%가 매장이었다는 점을 감안하면 ○○가의 묘라는 형식의 역사는 그리 길지 않다는 것을 알 수 있다.

그런데 매장이든 화장이든 관계없이 대부분의 종교에서는 묘비를 세우는 관습이 있는데, 돌이나 타일 등 썩지 않는 소재를 사용하는 것이 일반적이다. 무슬림이나 유대교, 기독교에서도 마찬가지다.

어느 나라든지 묘석에는 대부분 고인의 이름과 생몰 연월일이 새겨져 있고 누가 잠들어 있는지 오랫동안 기록을 남겨두기 위해 썩지 않는 돌이나 타일을 사용했다고 생각한다. 또한 돌은 어떤 힘이 깃들어 있는 불변불멸의 상징으로 생각되어 왔다는 설이나 매장 시대에는 사망한 사람이 일어나서 나오지 못하도록 무거운 돌을 올려놓았다는 설도 있다.

죽음과 장례의 의미를 묻는다

묘표가 없는 익명의 묘

최근 유럽에서 화장률이 높은 편인 영국에서는 묘석을 세우지 않는 익명의 묘를 지향하는 사람들이 나오고 있다.

1991년에 설립된 환경을 배려한 죽음을 생각하는 단체, 내추럴 데스 센터(Natural Death Centre)가 권장하는 시신 처리 방법으로는 ① 임바밍을 하지 않는다, ② 다이옥신(dioxin)을 배출하는 화장이 아닌 매장을 선택한다, ③ 관은 흙에서 분해되는 소재나 등나무 제품을 사용한다, ④ 묘지에 묘표를 세우거나 나무를 벌채하여 정지(整地) 작업을 하지 않는다 등의 규칙이 있다.

이러한 친환경적 묘지는 1993년에 최초로 개설되었는데, 이후 20년간 이러한 생각에 공감하는 지주들이 땅을 제공하는 등의 방법으로 조성된 전용 묘지는 영국 내에 260개소 이상이 있다.

필자는 그중 하나인 런던 교외에 있는 우드콕힐·우드랜드(Woodcock Hill· Woodland) 묘지를 방문한 적이 있다. 나무 밑동에 시신이 묻혀 있고 풀 사이에 고인을 식별하기 위한 작은 번호표가 있다. 인공물을 세우지 않은 데다 나무나 풀꽃은 본래 영국에 서식하는 고유종만을 철저히 고집하고 있었다.

스웨덴에 있는 익명의 공동묘지를 민네스룬드(Minneslund)라고 하는데, 1980년대부터 급속히 증가해 현재는 전국에 500

묘표를 세우지 않은 자연묘지(영국의 우드콕힐·우드랜드 묘지)

개소 이상이 있다. 스톡홀름 교외에 있는 '숲의 묘지'는 20세기 이후의 건축 작품으로는 최초로 세계유산에 등재된 것으로 알려져 있다.

개별로 묘표를 세우지 않고 묘지의 직원이 공동묘에 납골이나 산골을 하고 유족이나 친구가 입회하는 일은 없다. 또 개별로 꽃을 바친다든지 이름을 새긴 기념물을 설치한다든지 하는 일도 유족에게는 허락되지 않는다. 유족은 유골이나 묘표에 구애받지 않고 화단이나 십자가 등의 상징물 앞에서 고인을 추모한다. 가족이나 자산의 유무, 생전의 공적과 관계없이 철저하게 죽은 자의 평등성을 중시한 묘지인데, 스웨덴에서는

죽음과 장례의 의미를 묻는다

이러한 민네스룬드에 묻히기를 희망하여 유언으로 남기는 사람이 많다고 한다.

지금까지의 묘는 고인이 살아온 기념으로서 유족에 의해 세워지는 일이 많았지만, 영국이나 스웨덴의 사례를 보면 최근에는 "죽은 후에는 이 세상에 살았던 흔적을 남기고 싶지 않다"라고 하는 사람도 나오고 있다. 일본에서 어떤 움직임이 있는지에 관해서는 제3장의 뒷부분에서 언급하겠다.

묘를 만들려면

원래 '묘를 산다'는 것은 '묘지의 영대(永代) 사용권을 취득하는 것'을 가리킨다. 전문적으로 말하면 묘소 사용계약을 체결하는 것이다.

영대 사용의 '영대'는 영구나 영원이 아니라, 대가 이어지는 한이라는 유한을 의미한다. 즉 영대 사용권이란 후손이 끊기지 않는 한 묘지를 사용할 수 있는 권리이며, 묘석을 세우기 위해 토지를 사는 것은 아니다. 다시 말하면 빌린 땅에 자비로 묘비를 세우는 것이기 때문에 사용하는 사람이 책임지고 관리할 수 없게 되면 사용권은 소멸한다. 즉 갱지(更地)로 바뀌어도 영대 사용료는 반환되지 않고, 영대 사용권을 전매하는 것도 불가능하다.

1999년에 묘매법(묘지 및 매장 등에 관한 법률) 시행규칙이 일부 개정되어 무연묘 절차가 변경되었다. 묘지 운영자는 무연묘라고 생각되는 장소의 사용권을 가지고 있는 사람에게 1년 이내에 묘지 사무소로 연락할 것을 관보에 게재함과 동시에 그 묘가 있는 장소에 같은 내용의 팻말을 1년간 게시한다. 그리고 1년 이내에 연락이 없을 경우에는 묘지 운영자가 무연묘를 철거할 수 있다(상세한 것은 제4장 참조).

묘를 만들 때 필요한 경비는 '영대 사용료', '연간 관리비', '묘비 건립비'의 세 종류가 있다.

'영대 사용료'는 영대 사용권을 취득하기 위한 비용으로 일단 묘지 운영자와 사용계약을 체결한 후에는 마음이 변해서 해약한다 해도 반환되지 않는다는 점에 주의할 필요가 있다.

또한 '연간 관리비'는 묘와 관계없이 계약 때부터 납부해야 한다. 연간 관리비는 몇 천엔 정도지만, 체납하면 사용권이 말소되거나 무연묘로 간주되어 앞에서 언급한 바와 같이 무연묘 절차를 밟을 가능성이 있다. 예를 들어 도쿄도의 도립묘지(都立靈園)의 경우 연간 관리비를 5년간 체납하면 사용허가가 소멸된다고 도쿄도의 조례로 정하고 있다. 또한 연간 관리비가 설정되어 있지 않은 묘지도 있는데, 이 경우에는 영대 사용료를 지불한 후에는 정해진 구역을 계속 사용할 수 있다.

'묘비 건립비'는 어떤 묘를 세우느냐에 따라 크게 달라진다. 건립비에는 묘비 비용 이외에 석재 가공비나 시공비, 묘지의

죽음과 장례의 의미를 묻는다

경계를 둘러싸는 비용이 든다. 묘석의 질에 따라 요금은 달라진다. 가장 품질이 좋다고 하는 가가와현의 아지이시(庵治石)석은 국내에서 채굴되는 석재 양이 적은 데다 가격이 비싸기 때문에 최근에는 외국에서 수입한 석재가 주류가 되고 있다. 결이 고운 아지이시석은 아주 단단하고 고도의 가공기술이 필요하기 때문에 가공비도 높아진다. 흔히 사용하는 세로로 긴 묘석이 아니라, 고인의 취미였던 피아노나 자택의 모양을 본떠 독창적으로 디자인하는 경우에는 당연히 가공비가 높아진다.

대도시에 묘를 만들면 지방에 비해 비용이 많이 든다고 생각하는 사람이 적지 않지만, 제1장에서도 언급했듯이 반드시 그런 것은 아니다. 지방의 묘지는 넓은 경우가 많고 그에 따라 묘석도 커지고 묘석 비용은 물론 경계석(外柵) 비용이나 공사비 등 전체적으로 비용이 많이 들기 때문이다. 영대 사용료나 연간 관리비도 면적에 비례한다. 대도시는 지방에 비해 1m² 당 영대 사용료가 높지만, 면적이 작기 때문에 총 건립비는 지방 쪽이 높은 경우도 있다.

묘석이 이미 세워진 상태에서 판매되는 기성묘, 납골당, 혈연으로 이어지지 않은 사람들이 함께 들어가는 공동묘 등은 사용자가 개별로 묘석을 세우는 경우보다 비용이 저렴하다. 그러나 사례별로 다르기 때문에 일률적으로 단정 지을 수는 없다.

묘와 납골당의 차이

여기서 묘의 종류를 정리해 보기로 하자.

묘매법에서는 '분묘(墳墓)'란 "사체를 매장하거나 화장한 뼈를 매장하는 시설"(제2조 4항)이라고 규정한다. 그리고 분묘를 만든 구역을 묘지라 한다.

한편 납골당은 "타인의 위탁을 받아 유골을 수장(收藏)하기 위해 납골당으로 도도부현 지사의 허가를 받은 시설"(제2조 6항)이라고 되어 있다. 법률상으로는 묘비가 있는 묘와 납골당은 다른 것이지만, 과거에는 보관함식의 납골당은 묘를 세울 때까지 일시적으로 맡기는 시설로 사용되는 경향이 강했다. 하지만 최근 도시부에서는 'ㅇㅇ가'의 묘로 납골당을 이용하는 사람들이 늘고 있다.

일본 후생노동성의 「위생행정보고례」에 따르면, 도쿄도에는 납골당이 2005년에는 310개소, 2010년에 347개소, 2015년에 374개소로 최근 10년 사이에 약 20% 증가했다. 반대로 도쿄도 내의 묘지는 2005년에는 9728개소, 2010년에 9684개소, 2015년에 9681개소로 감소하고 있다.

도쿄와 같은 대도시에서는 광대한 용지를 확보하는 것이 어렵고, 만일 후보지가 있어도 그 지역 주민의 반대가 심해 묘지를 조성하는 것은 현실적으로 어렵다. 그에 비해 실내에 있는 납골당은 언뜻 보기에 일반 빌딩과 비슷하여 지역에서 반대운

죽음과 장례의 의미를 묻는다

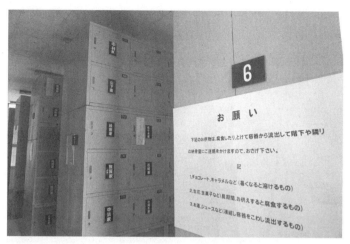

보관함식 납골당

불단 형식 납골당

자동운송형 납골당

동을 하기가 어렵다. 따라서 쉽게 개설할 수 있었다는 점이 납
골당 증가의 배경이다. 경내의 한 모퉁이에 납골당을 세우는
절도 늘고 있다.

　또 하나는 경제적인 이유이다. 당연히 묘석을 세우는 묘지
에 비해 일반적으로 납골당은 건설비가 낮다. 보관함식이나
불단 형식으로 되어 있는 납골당에는 1인용이나 부부용이 있
는가 하면 유골함을 여러 구 안치할 수 있는 가족용 등 크기는
다양하다. 혈연을 넘어선 사람들의 유골을 안치하는 공동 납
골당 중에는 선반에 유골함을 나란히 늘어놓는 형태도 있다.

　최근에는 유골함이 다른 장소에 안치되어 있다가 유족이 찾
아오면 유골함을 기계로 옮겨오는 자동운반형 납골당도 있다.

　　　　　　　　　　　　　　　죽음과 장례의 의미를 묻는다

좁은 토지에서도 많은 유골함을 효율적으로 보관할 수 있고 또 유족이 찾아오면 유족 앞에 유골함이 설치되어 유족 입장에서는 개별묘가 있는 느낌이 든다는 이점이 있다. 2017년도에 요코하마시가 신규로 설치하는 납골당에서는 이러한 자동 운반형이 채택되었다.

언제 묘를 만들 것인가

묘를 언제 만들어야 하는지, 유골을 언제 묘에 안치해야 하는지에 관해 법률상으로는 아무런 규정도 없다. 불교식으로 장례를 치르는 경우에는 친척이 모여 49재를 올리는 것이 일반적인데, 이때 납골을 하는 경우가 많다. 단 묘를 만드는 데 몇 개월이 걸리기 때문에 미리 묘를 준비해 두지 않았으면 49재 때 납골은 하기 어렵다.

최근 자신이 들어갈 묘를 생전에 준비해 두는 사람이 늘고 있다. "묘는 아무리 고액이더라도 상속 재산이 아니기 때문에 생전에 묘를 장만해 두면 상속세가 절세된다", "생전에 마련해 둔 묘(壽陵)는 재수가 좋다, 장수한다"라고 말하는 묘석업자의 홍보를 듣고 미리 자신의 묘를 만들어두려는 풍조는 거품경기 때부터 높아지기 시작했다.

여담이지만, 대부분의 사람들이 상속세 대책으로 생전에 묘를 만들 필요는 없다. 2015년은 일본의 상속세가 개정된 첫해였는데, 일본 국세청의 발표로는 2015년에 사망한 사람들 가운데 상속세를 실제로 납부한 사람은 8.0%밖에 되지 않았다. 전년의 4.4%보다 높아지기는 했지만, 90% 이상의 유족은 상속세를 납부할 필요가 없다. 따라서 묘를 생전에 만들든 사후에 만들든 대다수 사람은 상속세를 납부하지 않아도 되기에 생전에 묘를 마련해 두는 것은 상속세 대책이 되지 않는다.

49재 납골도 불교적인 의미가 있는 것은 아니다. 사망하고 나서 49일간은 '중유(中有)', '중음(中陰)'이라고 불리는데, 고인이 다음 생에 태어날 때까지의 기간이라고 한다. 예전에는 가족이 사망하면 7일째부터 7일 간격으로 일곱 번 재를 올렸다 (제2장 참조). 요즘에는 7일째의 초칠일과 마지막인 49일을 지내는 정도이고, 더욱이 초칠일은 장례식이나 화장한 날에 끝내버리는 경우도 드물지 않게 되었다.

1주기, 오히간(お彼岸),* 오봉(お盆)** 등의 절기에 납골하는 유족이 있는가 하면, 납골할 묘가 있어도 "곁에 두고 싶다"며 자택에 유골을 계속 안치하는 유족도 있다.

원래, 화장한 유골을 묘에 안치하지 않으면 안 된다고 법률

---

* 오히간은 춘분과 추분을 기준으로 각각 앞뒤 3일을 포함한 일주일을 말한다.
** 양력으로는 8월 15일, 음력으로는 7월 15일을 전후하여 조상에게 제사 지내는 기간을 말한다. 요즘은 대체로 양력 8월 13일에서 16일 사이를 오봉 기간으로 본다.

죽음과 장례의 의미를 묻는다

로 정해진 것은 아니기에 자택에 계속 안치해도 상관없다. 묘매법에서는 허가를 받은 묘지 이외에 유골을 매장해서는 안 된다고 되어 있으므로 자택 정원에 마음대로 묘를 세워 납골한다든지 정원에 유골을 직접 묻는 것은 위법이다. 정원에 묘비만 세우는 것이라면 단순한 위령비나 기념물이 되기 때문에 아무런 문제가 없다.

유골이 안치된 단계부터 법률상 묘로 인정된다. 생전에 자신이 만든 묘도 유골이 아직 매장되어 있지 않은 상태라면 엄밀히 말하면 묘가 아니다.

묘매법에는 유골을 매장하려면 허가된 묘지에서 하도록 지시하고 있을 뿐 묘지에 매장할지 말지는 유족의 판단에 달려 있다. 자택에 안치하든 납골당에 안치하든 그것은 유족이 결정하는 것으로 법률은 아무런 규제도 하지 않는다.

누구와 함께

해로동혈(偕老同穴)이라는 말이 있다. 부부가 함께 늙고 죽은 후에는 같은 묘에 묻힌다는 의미인데, 이에 반대하는 사람들이 등장하고 있다.

필자가 60세부터 79세까지 배우자가 있는 남녀를 대상으로 2014년에 실시한 조사에서 부부가 같은 묘에 들어가야 한다고 생각하는지를 물어본 결과, 54.7%가 "그렇게 생각한다", 27.4%가 "약간 그렇게 생각한다"로 이 둘을 합하면 82.1%가 함께 들어가야 한다고 생각하고 있었다(그림 3-2). 그러나 성별로 보면 남성은 62.2%가 "그렇게 생각한다"인데 그것에 반해 여성은 47.3%로 절반을 밑돌고 있었다. "그다지 그렇게 생각하지 않는다", "그렇게 생각하지 않는다"라고 응답한 여성은 23.1%로 4~5명 중 1명은 부부가 같은 묘에 들어가야 한다고 생각하지 않았다.

또한 현재의 배우자와 같은 묘에 들어가고 싶은지를 물었더니 "들어가고 싶다"라고 응답한 사람은 남성이 64.7%인 것에 반해, 여성은 43.7%로 절반을 밑돌았고 약 20%의 여성은 남편과 같은 묘에 들어가고 싶지 않다고 응답했다(그림 3-3).

장남과 결혼한 여성의 경우, 남편과 같은 묘에 들어간다는 것은 남편의 선조와 같은 묘에 들어가는 것이기도 하다. 그러나 핵가족 또는 부부 단위의 가족이라는 사고방식이 당연하게 된 요즘 "이건 아니다!"라는 목소리를 내는 여성들이 등장했다. 남편 선조와의 '동거'를 기피하는 '탈시가묘(脫家墓)' 유형은 탈이에(脫家) 의식의 연장선상에서 탄생했다고도 할 수 있다.

한편 "남편과 같은 묘에 들어가고 싶지 않다"라는 의식에는 남편과의 '동거'를 기피하는 '저승 이혼' 유형도 있다. '탈시가묘' 유형은 부부가 같은 묘에 들어가는 것 자체를 부정하는 것은 아니지만, '저승 이혼' 유형은 "어떤 묘이든 남편과 함께는

죽음과 장례의 의미를 묻는다

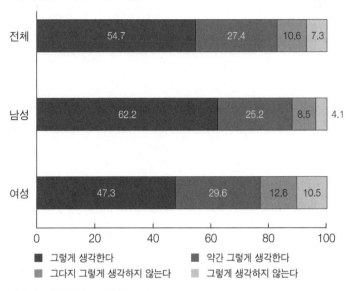

그림 3-2
부부는 같은 묘에 들어가야 하는가 (단위: %)

전체: 54.7 / 27.4 / 10.6 / 7.3
남성: 62.2 / 25.2 / 8.5 / 4.1
여성: 47.3 / 29.6 / 12.6 / 10.5

0   20   40   60   80   100

■ 그렇게 생각한다   ■ 약간 그렇게 생각한다
■ 그다지 그렇게 생각하지 않는다   ■ 그렇게 생각하지 않는다

자료: 일본 제일생명경제연구소(2014년).

싫다"라고 생각하는 것이 특징이다. 이 유형은 지금까지 이혼
은 좋지 않다고 여겨온 시대를 살아온 나이든 여성에게 많다.
지금 당장 이혼할 정도는 아니지만(경제적 이유로 이혼할 수 없
다는 문제도 있다) 남편에 대한 막연한 불만이 아내에게 '부부
별묘'라는 의식을 갖게 만드는 것이다.

고도성장기를 이끌어온 사람들이 정년을 맞은 1980년대 후
반부터 퇴직 후 생활을 그려보는 가운데 자신의 마지막을 어
떻게 설계하고 묘를 어떻게 할지를 스스로 생각하는 사람들이
증가했다. 묘를 사후의 거처로 본다면 "사후에 누구와 어떤 묘

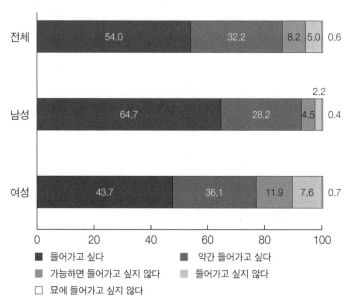

그림 3-3

현재의 배우자와 같은 묘에 들어가고 싶은가   (단위: %)

전체   54.0 | 32.2 | 8.2 | 5.0 | 0.6

남성   64.7 | 28.2 | 4.5 | 2.2 | 0.4

여성   43.7 | 36.1 | 11.9 | 7.6 | 0.7

0   20   40   60   80   100

■ 들어가고 싶다   ■ 약간 들어가고 싶다
■ 가능하면 들어가고 싶지 않다   ■ 들어가고 싶지 않다
□ 묘에 들어가고 싶지 않다

자료: 일본 제일생명경제연구소(2014년).

에 들어갈 것인가?"를 생각하는 것은 라이프 디자인의 중요한
항목이다.

부부 별묘라도 괜찮다는 생각과 마찬가지로 선조 대대로 내
려온 묘에 묻히는 것이 당연하다는 사고방식도 대다수의 공통
인식은 아니다.

2011년에 20~89세의 전국 남녀 2000명을 대상으로 실시한
조사에서는 자신이 묻히고 싶은 묘로 '선조 대대의 묘'를 선택
한 사람은 38.9%에 머물렀다(그림 3-4). 한편, '지금의 가족이

죽음과 장례의 의미를 묻는다

그림 3-4
어떤 묘에 들어가고 싶은가

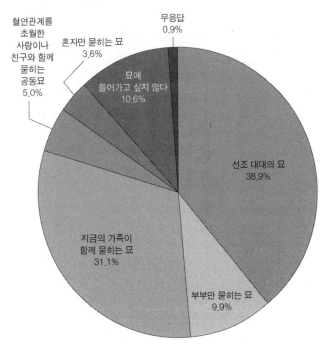

자료: 과학연구비연구, 2011년, 「일본의 장송묘제의 현대적 변화에 관한 실증적 연구」. 연구대
표자 스즈키 이와유미(鈴木岩弓).

함께 묻히는 묘'를 선택한 사람은 31.1%로 시가묘를 지지하는
파와 직계가족묘를 지지하는 파로 양분되었다. 핵가족화가 진
행되고 노후는 부부 둘이서 또는 혼자 사는 것이 대다수 고령
자의 모습이 된 지금, 묘도 핵가족화되는 것은 자연스러운 현
상일 것이다.

혈연관계를 넘어

부부도 선조도 아닌 사람과 함께 묘에 들어가고 싶다고 생각하는 사람도 있다. '혈연관계를 초월한 사람이나 친구와 함께 들어가는 공동묘'를 희망하는 사람은 5.0%로 적지만, 요즘 공동묘를 신설하는 지자체가 늘고 있다. 신청 조건은 고인이나 유족이 그 지역 주민이어야 한다. 도쿄도나 다카마쓰시, 지바현 우라야스시(浦安市), 사이타마시, 오사카시처럼 생전에 신청이 가능한 지자체가 있는가 하면, 히로시마시처럼 화장을 끝낸 유족만이 신청할 수 있는 지자체도 있다.

또 지자체가 운영하는 공영 공동묘가 있는가 하면 시민단체, 절 등이 운영하는 공동묘도 있다. 아무튼 혈연관계를 넘어선 사람들이 들어가는 공동묘는 자자손손 계승을 전제로 하지 않는 점이 특징이다.

생면부지의 사람들과 함께 들어가는 묘에 대해 거부감이 있는 사람도 있겠지만, 탈 혈연묘는 고도성장기에 여기저기서 건립되기 시작한 것으로 최근 들어 시작된 움직임은 아니다. 그 하나가 회사묘나 기업묘라고 불리는 회사의 공양탑으로 재직 중에 사망한 사원뿐만 아니라 회사에 따라서는 정년퇴직 이후 사망한 사원의 영혼도 모시고 있다.

고야산(高野山)에 있는 오쿠노인(奧之院) 절 묘지에는 대기업 최초로 마쓰시타 전기산업(현재 파나소닉)이 1938년에 기업

죽음과 장례의 의미를 묻는다

오사카시 공동묘

묘를 건립했고 이후 구보타가 1952년, 닛산 자동차가 1957년, 샤프가 1962년, 야쿠르트가 1964년에 건립했다. 이후 1990년 대 들어와서도 기업묘가 건립되었다.

그런데 2001년 11월 2일 자 ≪아사히신문≫은 다음과 같이 보도했다.

고도성장기에서 거품경기 시대에 걸쳐 100개 이상의 '기업묘' 가 건립되었지만, 최근 수년간 혹독한 불황으로 신규 건립은 전 무하다. 매년 행해지던 공양도 점차 축소되고 있다고 한다. 도산 한 기업의 '묘'가 쓸쓸하게 방치된 곳도 있다. 찾는 사람도 없는 기업의 무연묘가 늘어날 것이라는 염려가 현실적인 문제로 다가

오고 있다(≪아사히신문(朝日新聞)≫, 2001년 11월 2일 자).

필자가 2015년에 고야산의 오쿠노인 절에 있는 묘지를 방문했을 때에도 찾아온 흔적이 없고, 풀이 무성한 기업묘나 도산한 기업의 묘가 여러 개 눈에 띄었다. 망자를 회사의 선조로 모시고 언젠가는 현역 사원도 선조의 일원이 되어 회사의 번영과 영속을 기원한다는 공양 시스템은 일본형 경영의 특징인 종신고용이나 연공서열을 전제로 한 사연(社緣) 없이는 성립하지 않는다. 그런 의미에서 근로 방식이 다양해진 현재, 기업묘의 신규 건립은 감소하고 관리되지 않는 묘는 앞으로도 계속 증가할 것이다.

정원으로 꾸민 공원묘지

영국, 뉴질랜드, 오스트레일리아 등 화장률이 비교적 높은 섬나라에서는 정원으로 꾸민 묘원이 계속 늘고 있다. 영국에서는 화장된 유골을 묻는 수목장 묘지의 대다수가 공원처럼 정비되어 있어 언뜻 보면 묘지인지 아닌지 알 수 없을 정도이다.

국토가 작고 인구밀도가 높은 대만에서는 정부가 화장을 장려하고 있어서 1993년에는 45.87%였던 화장률이 2010년에 90.0%, 2015년에는 93.7%로 급상승했다.

죽음과 장례의 의미를 묻는다

런던 시영 묘지에 있는 수목장 묘지

   화장 추진과 더불어 각 지자체에서는 자연환경을 파괴하지
않는 다양한 장법(葬法)으로 수목장, 쇄장(灑葬, 정원 산골), 해
양장(해양 산골)을 제시하고 있다. 타이베이시의 경우 시민이
라면 어떤 장법도 무료이다.

   타이베이시의 '영애원(詠愛園)'이라는 수목장 묘지는 2003
년에 개설되었다. 나무 앞에 깔린 자갈 아래에 흙에 녹는 종이
로 감싼 유골재를 묻는 형태로 묻은 곳에는 말뚝을 세워 표시
한다.

   같은 타이베이시의 공영 묘지인 양밍산(陽明山) 제1공원묘
지에는 2013년에 화장을 하는 '진선원(臻善園)'이 개설되었다.

양밍산은 풍수지리적으로 좋은 입지이기 때문에 초고급 주택이 늘어서 있고, 타이베이 시민에게는 동경의 땅이기도 하다. "죽어서나마 양밍산에 묻히고 싶다"는 서민이 많아 1년에 600구 이상이 매장될 정도로 인기가 좋다고 한다.

영애원과 진선원 모두 팻말을 세우고 유족이 원하는 구획을 선택할 수 있으며, 모든 게 무료인 점, 1구획에 매장하는 유골의 수를 제한해 일정 수에 도달하면 유골가루가 흙이 될 때까지 1년간은 사용할 수 없도록 한 점 등이 동일하다.

일본에서도 묘석을 세우지 않는 수목장 묘지가 1999년에 이와테현(岩手県) 이치노세키시(一関市)의 절에 개설되었는데, 최근에는 요코하마시, 도쿄도, 니가타시 등의 공영 묘지에서도 설치되고 있다.

도쿄도립 고다이라(小平) 묘지 내에 정비된 '수림(樹林) 묘지'에서는 2016년에 1600명분을 모집했는데 신청률이 10배나 되었다. '수림 묘지'란 일반적으로 수목장 묘지로 불리며, 나무밑 흙에 직접 납골하는 유형의 묘를 가리킨다.

도쿄도 '수림 묘지'에서는 목련이나 산딸나무 등을 심은 부지에 구덩이 27곳을 파서 한 곳에 약 400구의 유골을 묻는데, 이것은 혈연관계를 초월한 사람들의 합장이다. 이미 사망한 사람의 유골을 부부, 자식, 형제자매가 신청하는 방법과 본인이 생전에 신청하는 방법이 있다. 사용료는 1구에 12만 3000엔[분골(粉骨)의 경우는 4만 1000엔]으로 종래의 묘에 비해 저

죽음과 장례의 의미를 묻는다

수목장 묘지에 납골하는 유족

꽃으로 가꾼 정원묘지

럼한 점이 특징이다.

고다이라 묘지에는 혈연관계를 초월한 사람들의 유골을 지하에 합장하는 매장시설이 있는데, 염가임에도 2017년 신청률은 3.2배에 머물고 있다. 또한 합장이 아니라 개별로 수목 주변에 납골하는 경우, 1구의 비용은 18만 3000엔으로 합장식에 비해 비용이 높기 때문인지 신청률은 1.7배로 낮다.

그러나 신청 형태별로 신청 비율을 비교하면 1구의 경우나 2구의 경우, 모두 이미 유골을 갖고 있는 유족의 신청보다는 본인이 생전에 신청하는 쪽이 월등하게 높다. 인기가 높은 '수림 묘지'에서도 유족의 신청률은 3배에도 미치지 않지만 생전 신청은 20배나 된다.

개별 묘지 신청률이 1.7배로 낮은 것은 생전에 신청할 수 없고 유족만이 신청할 수 있기 때문이다. 신청률만 비교하면 사후에 자신이 안주할 땅을 생전에 선택하려는 사람이 많다는 것을 알 수 있다.

요코하마시의 '합장식 수목형 납골 시설'은 2006년에 일본에서 처음으로 공영 묘지에 설립된 예이다. 레저시설인 요코하마 드림랜드가 2002년에 폐원하고 그 부지에 신설한 공영 묘지는 묘석이 줄지어 있는 기존의 묘지가 아닌, 합장식 수목형 납골 시설이라 불리는 수목장 묘지와 합장식 위령비형 납골 시설(합장식 납골당), 잔디밭형 납골 시설 등 새로운 이미지의 묘지를 목표로 조성했다.

죽음과 장례의 의미를 묻는다

요코하마시의 수목장 묘지

수목형 납골 시설은 느티나무, 녹나무, 히메샤라(동백나무과)가 배치된 3개 구역 중에서 선택할 수 있다. 1개 구역에 1000구의 유골을 납골할 수 있어 전부 3000구의 납골이 가능한데, 2013년에 이미 모집이 종료되었다.

개성 있는 형태

지금까지는 세로로 긴 묘석에 'ㅇㅇ가의 묘', '선조대대의 묘'라고 새겨진 묘가 일반적이었으나 지금은 묘석에 새기는 문자

이탈리아 시칠리아의 묘지

가 다양해지고 있다. 가명(家名)이 아니라 '애(愛)', '지(志)', '평화(平和)' 등의 단어나 '고맙다', '추모한다' 등 유족이 고인에게 보내는 메시지를 새긴 묘석이 증가하고 있다. 이는 묘의 의미가 '선조를 모시는 장소'에서 '특정 고인의 거처'로 변했음을 단적으로 표현한 것이다.

유럽이나 미국에서는 유족이 고인에게 보내는 메시지를 새긴 묘석을 접하는 경우가 드물지 않다. 묘지를 산책하면서 고인이 어떤 인생을 살았고 어떤 최후를 맞이했는지를 새긴 묘석을 둘러보는 일은 흥미롭다.

이탈리아에서는 주로 고인의 컬러사진과 함께 메시지를 새긴 작은 판을 묘석으로 안치하기 때문에 묘지 전체가 고인의

죽음과 장례의 의미를 묻는다

이승에서의 졸업앨범 같은 분위기이다. 그중에서도 아직 매장
이 많은 시칠리아에서는 일족이 같은 구획에 묻히기 때문에
여러 개의 사진이 묘석 위에 세워져 있다. 일본에서는 묘비에
납골된 고인의 이름을 쓰지만, 이탈리아에서는 고인의 얼굴
사진을 넣는다.

묘의 이장

묘를 이전하는 것을 이장이라고 한다. 선조의 묘가 먼 곳에
있어 참배하러 가기 힘들어서 묘를 이전하고 싶어 하는 사람
이 드물지 않다. 실제로 무연묘의 이장까지 포함하면 일본에
서는 2015년에 9만 1567건의 이장이 있었으며(그림 3-5), 이장
건수는 최근 15년 동안 서서히 증가하고 있다.

묘를 이전하기 위해서는 다음과 같은 절차를 거쳐야 한다.

1. 이전할 곳의 묘지 관리인으로부터 '인수 승낙서'를 발급
   받는다.
2. 기존의 묘가 있는 시정촌의 관청에서 받은 '이장 허가 신
   청서'에 필요사항을 기재하고 현재의 묘지 관리자에게 매
   장증명을 받은 후, '이장 허가 신청서', '인수 승낙서'를 관
   청에 제출하고 '이장 허가증'을 발급받는다.

그림 3-5
이장 건수의 추이   (단위: 건, 년)

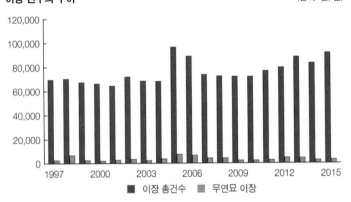

■ 이장 총건수   ■ 무연묘 이장

자료: 일본 후생노동성, 「위생행정보고례」(각 연도).

　　이장 허가 신청서는 홈페이지에서 다운로드할 수 있는
지자체가 많다. 또한 매장증명은 절 등의 관리자가 독자
적으로 발행하거나 이장 허가 신청서의 묘지 관리자란에
서명이나 날인을 해도 된다. 묘를 이전할 곳이 민간 묘원
일 경우에는 이장 허가 신청 수속이나 기존 묘의 철거, 유
골 운반 등을 대행해 주는 업자도 있다.

3. 이장 허가증을 기존의 묘지 관리자에게 제시하고 유골을
　　꺼낸다. 묘지는 갱지로 반환한다.

4. 이전하는 곳의 묘지 관리자에게 이장 허가증을 제출하고
　　납골한다.

　　과거에는 같은 마을에 친족이 사는 경우가 많았기 때문에

친척 간 교류가 돈독해서 친족 누군가가 묘를 전부 관리하고 청소해 주는 일이 많았다. 그러나 친척관계가 소원해지게 되면서 묘의 관리를 부탁하는 것에 부담을 느껴 묘를 이전하고 싶어 하는 사람도 증가하고 있다. 그렇지만 막상 묘를 이전하려고 하면 묘상(墓相)이나 묘의 길흉을 따지는 친족이 있기도 하고, "묘를 옮기면 자손이 끊어진다", "묘석을 파괴하면 친족에게 나쁜 일이 일어난다"라며 이장을 반대해 분쟁이 일어나는 경우도 있다.

또한 묘를 이전할 때에는 묘석을 철거하고 갱지로 만들어 관리자에게 반환해야만 한다. 새로운 묘를 만들 경우, 묘지에 따라서는 새로운 묘석을 세울 것을 조건으로 하는 곳이 적지 않은 데다 이전의 묘석을 운반하는 것보다 새로 묘석을 건립하는 쪽이 싼 경우도 있기 때문에 오래된 묘석은 처분하는 경우가 일반적이다.

그러나 대량의 묘석을 파쇄하려면 시간과 돈이 들기 때문에 오래된 묘석이 전국 여기저기에 불법 투기되는 문제가 드러나고 있다. 그중 한 예로 아와지시마 섬의 산속에 수천 기의 묘석이 불법 투기된 사실이 발각되어, 2008년에 석재처리업자가 폐기물처리법 위반 혐의로 체포·기소된 일이 보도되었다. 효고현(兵庫県)은 업자에게 묘석을 철거하도록 지시했지만, 필자가 2017년에 현지를 방문했을 때에도 거의 방치되어 있었다. 세금을 사용해 철거하기에는 너무나 양도 많고 비용도 많

아와지시마 섬 산속에 불법 투기된 묘석(2017년 2월)

이 들어서 현은 대응에 고심하고 있다고 한다.

묘의 이전이 아니라 선조의 묘를 처분하고 싶어 하는 사람
도 있다. 선조의 묘를 계승할 사람이 없는 경우에는 묘를 이전
한다 해도 문제는 해결되지 않는다. 조상의 묘를 정리하는 것
을 이장과 구별해 '폐묘'라고 부르기도 한다.

이 경우에 묘석 처분은 이장과 마찬가지로 석재업자에게 의
뢰할 수 있지만, 묘석에 안치되어 있던 선조의 유골을 어디로
옮길지가 문제가 된다. 형법 제190조의 사체유기죄에 저촉될
우려가 있기 때문에 유골을 버릴 수는 없다.

따라서 안치되었던 유골을 바다에 뿌리거나 공동묘에 납골
하는 사람은 많을 것이다.

죽음과 장례의 의미를 묻는다

묘에 묻히지 않는다

묘가 필요 없기 때문에 산골이 좋다고 생각하는 사람이 적지 않다.

필자가 2009년에 실시한 조사에서는 자신이 죽으면 "유골을 전부 뿌려주기 바란다"가 17.0%, "유골의 일부만 뿌려주기 바란다"가 11.8%로 이 둘을 합하면 산골을 희망하는 사람이 28.8%나 된다.

그러나 그 이유를 보면 "전부 산골하기 바란다"는 사람과 "일부만 산골하기 바란다"는 사람 간의 의식에는 큰 차이가 있다. 전부 산골하기를 바라는 사람은 "성묘로 가족에게 폐를 끼치고 싶지 않다", "돈이 들지 않는다"라고 생각하는 데 비해, 일부만 산골하기를 바라는 사람은 "추억의 장소에서 잠들고 싶다"라는 의향이 강하다(그림 3-6).

1991년에 시민단체 '장송의 자유를 추진하는 모임'(현재 NPO법인)이 '자연장'이라는 산골을 처음 실시했을 때, 형법 제190조의 '유골유기'나 묘매법 제4조 '묘지 이외의 매장 금지'에 위반되는지가 문제가 되었다. 그 당시 법무성에서 장송을 목적으로 절도 있게 시행하는 한, 사체유기에 해당되지 않는다는 비공식 견해를 제시했고 이를 계기로 산골이 널리 알려지게 되었다.

그렇지만 1990년에 총리부가 실시한 여론조사에서는 산골을 "장법으로 인정해서는 안 된다"라고 응답한 사람이 56.8%

그림 3-6
산골하고 싶은 이유 (단위: %)

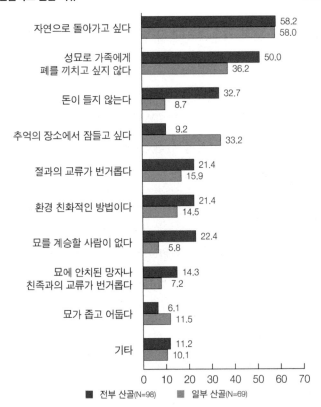

이유	전부 산골	일부 산골
자연으로 돌아가고 싶다	58.2	58.0
성묘로 가족에게 폐를 끼치고 싶지 않다	50.0	36.2
돈이 들지 않는다	32.7	8.7
추억의 장소에서 잠들고 싶다	9.2	33.2
절과의 교류가 번거롭다	21.4	15.9
환경 친화적인 방법이다	21.4	14.5
묘를 계승할 사람이 없다	22.4	5.8
묘에 안치된 망자나 친족과의 교류가 번거롭다	14.3	7.2
묘가 좁고 어둡다	6.1	11.5
기타	11.2	10.1

■ 전부 산골(N=98)　■ 일부 산골(N=69)

자료: 일본 제일생명경제연구소(2009년 조사).

로 과반수를 차지하는 데 반해, "장법으로 인정해도 좋다"라고
응답한 사람은 21.9%밖에 되지 않아 산골을 용인하는 사람이
적었다.

그러나 앞에서도 언급한 바 있는 필자의 2009년 조사에서는

　　　　　　　　　　　　　　　　죽음과 장례의 의미를 묻는다

산골에 대해 "장사 방법으로는 바람직하지 않다"라고 생각하는 사람은 14.7%이고, "자신은 하고 싶지 않지만, 타인이 하는 것은 상관없다"라고 응답한 사람은 55.1%로 과반수를 차지한다. 이 두 조사 결과를 단순히 비교할 수는 없지만, 최근 20년 동안에 산골에 대한 사고방식이 변하고 있음을 확인할 수 있다.

산골에 대한 거부감이 감소한 배경에는 〈메디슨카운티의 다리〉, 〈세계의 중심에서 사랑을 외치다〉, 〈당신에게〉 등 크게 히트한 영화에서 산골 장면이 그려지는 등 미디어의 영향이 크다.

그러나 일본에는 산골에 관한 규제뿐만 아니라 뿌리는 방식에 관한 규칙조차 없어서 뿌리는 사람의 윤리의식에 맡길 수밖에 없는 것이 현실이다. 2005년에는 홋카이도의 나가누마초(長沼町)에서 산골을 위임받은 단체와 이웃주민 사이에 분쟁이 발생하여 묘지 이외의 장소에서 인골을 뿌리는 것을 금지한 '쾌적한 환경 만들기 조례'가 시행되었다. 이 조례는 쓰레기나 개와 고양이의 분뇨와 함께 인골을 뿌려서는 안 된다는 것이다. 산골을 위임받은 단체가 사유지라고는 해도 누가 봐도 알 수 있는 형태로 인골을 뿌린 것이 주민들의 감정을 자극했다고 한다.

나가누마초가 조례를 제정한 것에 영향을 받아 홋카이도 나나에초(七飯町, 2006년), 나가노현 스와시(諏訪市, 2006년), 홋카이도 이와미자와시(岩見沢市, 2007년), 사이타마현(埼玉県) 지

치부시(秩父市, 2008년), 시즈오카현 고텐바시(御殿場市, 2009
년)·아타미시(熱海市, 2015년)·이토시(伊東市, 2016년)가 산골
을 규제하는 조례를 제정했다.

다양한 가치관이 인정되는 사회에서는 사람들의 삶의 방식
이 자유로운 것처럼 애도 방식도 다양해진다. 그러나 묘는 고
인이나 관계자만 관련된 문제가 아니다. 그런 의미에서 죽은
자와 산 자가 공존하기 위해서는 지역 주민의 입장에서 본 산
골 방식에 대해서도 고민할 필요가 있다.

유골의 행선지

동일본의 화장장에서는 유족이 유골을 모두 가지고 돌아가
지만, 서일본에서는 유골의 일부만 가져가고 대부분은 화장장
에 두고 간다.* 이것을 '부분 수골(部分收骨)'이라고 한다. 화
장장에 두고 간 유골은 업자가 산업폐기물로 처분한다. 법률
로는 화장장에서 가져간 유골을 '소골(燒骨)'이라고 하는데, 묘
지 이외의 곳에 묻으면 안 된다고 규정되어 있다.

---

* 동일본과 서일본이란 일본을 동쪽 지역과 서쪽 지역으로 양분할 때 쓰는 말로,
  그 경계에 대해서는 이견이 있다. 니가타현, 나가노현, 시즈오카현을 경계로 이
  들 지역을 포함한 동쪽 지역을 동일본으로 보고, 나머지 서쪽 지역을 서일본으로
  보는 경우가 많다.

죽음과 장례의 의미를 묻는다

"자신이 죽으면 무덤은 필요 없다"라고 말하는 사람 중에는 애당초 화장장에서 유골을 가져가지 않아도 된다고 생각하는 사람도 있다. 유골 모두를 산업폐기물로 처분하면 묘가 필요 없다는 발상이다. 부분 수골을 하는 서일본에서는 유골을 가져가지 않는다는 것이 고인의 의사이고, 유족이 이에 동의했음을 알 수 있는 문서가 있으면 유골 전부를 두고 가도 되는 화장장도 있다. 단 업자가 유골을 처분하기 때문에 유족의 마음이 변해서 유골을 돌려받고 싶다고 해도 돌려받을 수가 없다.

한편 동일본의 화장장은 유족이 유골을 모두 가져가는 것이 원칙이어서 화장장에 두고 갈 수 없는 곳이 많다. 도쿄도 내에 있는 화장장에서는 수년 전부터 유족을 대신해서 두고 간 유골을 영대 공양묘에 납골하는 서비스를 시작했다.

사이타마현 구마가야시(熊谷市)에 있는 조동종(曹洞宗) 겐쇼인(見性院) 절에서는 월평균 3회 정도 우편으로 유골함을 받는다고 한다. 이러한 '영대 공양 송골(送骨) 서비스'를 이용하면 우송된 유골은 혈연관계가 없는 사람들이 합장되는 영대 공양묘에 납골된다. 유골을 유골함에서 꺼내어 산골 공간에 납골하는 '합동 납골'은 3만 엔, 유골을 유골함 그대로 10년간 보관한 후 산골 공간으로 옮기는 '개별 납골'은 10만 엔이다. 입금하면 유골함이 들어가는 크기의 종이상자와 비닐 완충재 등을 보내준다. 운송장에는 사찰 주소나 품명 등이 미리 기입되어 있는 등 서비스에 빈틈이 없다. 유골함과 매장 허가증을

호넨지 절의 인골불

함께 우송하면 유족은 일체 절을 방문하지 않아도 승려가 정
성들여 납골해 준다고 한다.

유골로 불상을 제작하는 절도 있다. 오사카에 있는 정토종
잇신지(一心寺) 절은 1887년에 유골로 아미타여래를 만든 이
후 10년 주기로 통산 13좌(座)의 불상을 제작했다. 전쟁 피해
로 6좌의 불상이 소실되어 현재 안치된 불상은 7좌이며, 2017
년에는 14번째의 불상이 완성되었다. 2007년에 제작된 13번
째의 불상에는 1997년부터 2006년까지 납골된 16만 3254구의
유골이 사용되었다. 사찰에 보관하는 유골의 양에 따라 비용
은 1만 엔에서 3만 엔까지 세세하게 설정되어 있다. 많은 사람
의 유골이 모셔지므로 조문객이 평일에도 끊이지 않고 언제

죽음과 장례의 의미를 묻는다

방문해도 공양한 꽃으로 멋지게 장식되어 있다.

이러한 인골불(人骨佛)을 건립하는 사찰은 전국에 10여 곳
이 있으며 다카마쓰시에 있는 정토종 호넨지(法然寺) 절도 그
중 하나이다. 호넨지 절의 인골불은 전후에 만들어지기 시작
해 약 10년에 1좌씩 제작되고 있다. 묘가 필요 없다는 생각은
적어도 최근의 경향이 아니라고 할 수 있다.

환경을 배려하여

유럽과 미국에서는 매장도 아니고 화장도 아닌 환경을 배려
한 방법을 제안하는 단체나 회사가 속속 등장하고 있다.

스웨덴의 프로메사(Promessa)라는 환경단체는 시신을 액체
질소로 동결 건조하여 분쇄하는 방법을 제안하고 있다.

미국의 어번 데스 프로젝트(Urban Death Project)라는 단체
는 표현이 적절하지 않을지 모르지만 개략적으로 말하자면 시
신의 콤포스트(compost)화를 추구한다. 일반적으로는 음식물
쓰레기 등을 미생물이나 균으로 발효시켜 퇴비로 순환시키는
것을 콤포스트화라고 한다. 이 단체에 따르면 가축의 사체에
140도의 열을 가하면 박테리아나 바이러스는 사멸되어 콤포
스트화한다는 실험 데이터가 있다고 한다. 이를 유체에도 적
용하려고 하는 발상인데, 워싱턴주립대학과의 공동 연구를 통

해 2017년 6월부터 1년간 예정으로 유체실험이 이루어진다고
한다.

영국의 레조메이션(Resomation)이라는 회사는 양모로 만든
관에 시신을 안치하고 알칼리 가수분해를 통해 몇 시간 만에
시신을 액화시켜 뼈만 남기는 실험에 성공했다. 화장하는 것
보다 온실가스 배출량을 18분의 1까지 줄일 수 있다고 한다.
미국이나 캐나다에서는 이러한 방법을 그린 화장 또는 액화
화장이라고 부르고 있으며, 이미 실용화하고 있는 주나 지역
이 10곳 이상이라고 한다.

영국에서는 영구차가 배기가스를 배출하기 때문에 영구마
차(靈柩馬車)를 사용하려는 시도가 있었다. 또한 런던에서는
조례로 매장 시에 관은 목제, 골판지제, 금속제 외에 버드나무
가지로 엮어서 만든 관이나 자연 분해되는 소재로 만든 시신
봉투를 사용하는 것을 인정했다. 10여 년 전에 런던의 화장장
에서는 '시신을 물에 넣고 가열하여 분해물(boil to dust)'로 만
드는 방법을 도입하는 것이 검토되었다. 실크로 감싼 시신을
수산화칼륨이나 알칼리를 혼합한 150도의 열탕에 2시간 정도
가열하면 바이오분해물이 된다고 한다. 화장하면 수은 등의
유독물질도 배출되기 때문에 이런 방법을 이용하면 에너지 절
약이 될 뿐만 아니라 관 자체가 불필요하게 되므로 삼림벌채
를 방지할 수 있다고 한다. 이를 보도한 신문의 독자의견란에
는 "무시무시하다", "가족의 시신을 삶다니 말도 안 된다"라는

반대의견도 있었지만 "죽은 사람이 지구 환경을 더럽히면 안 된다", "이상적인 방법이므로 매장한 가족의 시신을 꺼내 삶고 싶다"라는 의견도 있었다.

일본에서는 생각할 수 없는 발상이지만 해외에서는 환경을 배려하는 매장 방법이 다양하게 연구되고 있어 흥미롭다.

자택에 안치

묘매법에서는 유골을 묘지 이외에 매장해서는 안 된다고 되어 있지만 유골을 자택에 안치하는 것은 아무런 문제가 없다.

사랑하는 가족이나 자녀를 잃은 사람들로부터 "어두운 묘에 가두는 것은 불쌍하다", "곁에 두고 싶다"라는 이야기를 자주 듣는다. 필자의 지인은 생후 얼마 되지 않은 아기를 잃고 화장장에서 가져온 조그만 유골함을 자택에 20년 이상이나 안치하고 있다. 아기의 유골은 부부 어느 쪽이든 먼저 사망하는 쪽과 함께 납골할 계획인데 친척들이 "빨리 납골하지 않으면 성불하지 못한다"라는 이야기를 여러 차례 했다고 한다. 묘에 납골하지 않으면 성불할지 못할지의 종교적인 문제는 개인의 가치관에 따라 다르지만, 적어도 법률적으로는 유골을 자택에 안치하는 것은 아무런 문제가 없다.

먼저 떠난 아내의 유골을 아내가 생전에 애용했던 매실장아찌 항아리에 넣어 부엌에 안치하고 있는 사람도 있다. 자기가 죽으면 아내의 유골과 함께 넣어주었으면 좋겠다고 늘 이야기를 하곤 했는데 "매실장아찌 항아리에 유골이 들어 있으리라고는 아무도 생각하지 않지요"라며 웃었다. 수년 전에 그분도 사망해 본인의 희망대로 부부 유골이 담긴 매실장아찌 항아리가 절의 납골당에 안치되었다.

참고로 나고야를 기준으로 동일본과 서일본은 유골함의 크기가 다르다. 동일본에서는 유골을 전부 수습하지만 서일본에서는 일부만 수습하기 때문에 서일본은 유골함이 작다. 필자의 부친과 조부모는 간사이(関西) 지방에서 사셨는데 그분들이 돌아가셨을 때, 유골 대부분이 폐기물로 버려지는 것을 도저히 참을 수 없어서 집에서 가져간 큰 용기에 유골을 모두 담아온 경험이 있다.

필자 주변에는 도예가 취미여서 자신의 유골항아리를 구운 사람이 몇 명 있다. 시판하는 것으로, 전국의 유명 도요지(陶窯地)에서 구워낸 고급 유골항아리, 골프공이나 축구공 모양의 유골항아리, 파스텔컬러의 포트나 유리로 만든 유골항아리 등을 통신판매 하는 회사도 여러 곳 있다. 이러한 유골함은 묘에 납골해도 되지만 자택에 안치해 두려고 구입하는 사람도 적지 않다. 필자의 지인은 죽으면 자신의 유골은 자택 거실에 안치해 주기를 바란다고 말한다. "가족과 함께 있고 싶어서"라는 것이 그 이유라고 한다.

　　　　　　　　　　　　죽음과 장례의 의미를 묻는다

수중공양(手中供養)이란

실제로 유골 일부를 자택에 '수중공양'으로 안치하는 사람도 있다. 수중공양에는 유골을 조그만 용기나 펜던트에 넣는 형태와 유골을 다이아몬드나 네모판 등으로 가공하는 형태가 있다. 어떤 형태든 유골을 분말 상태로 곱게 분쇄해야 한다.

여담이지만 유골수습이라고 하여 유골을 그 형태 그대로 유골함에 담는 관습은 다른 나라에는 없다. 다른 나라는 화장장에 분골기가 설치되어 있어서 화장이 끝난 유골은 분말 상태로 만들어 유족에게 반환하는 것이 일반적이다.

일본에는 분골기를 설치한 화장장이 도쿄도와 시마네현밖에 없으므로 산골이나 수중공양 등으로 분쇄해야 할 경우는 장의사를 경유하거나 직접 전문업자에게 위탁한다. 분골하면 어떤 모양의 용기에도 유골을 담을 수 있다는 이점이 있다.

특히 유골을 조그만 용기나 펜던트에 넣는 형태는 용기 대금만 들기 때문에 비교적 부담이 적다. 멋진 간장병 같은 파스텔컬러의 유리용기가 있는가 하면 유골을 담는 용기를 내장한 미니어처 지장보살도 있다. 자택에 안치하는 형태뿐만 아니라 유골이 들어 있는 로켓 펜던트도 있다. 눈물 모양, 대나무통 모양, 하트 모양 등 세련된 형태가 많으며, 평소에 몸에 지녀도 누구도 유골이 담긴 펜던트라고는 알아차리지 못한다. 이런 수중공양 용품은 통신판매 사이트에서도 구입할 수 있다.

어느 지인은 어릴 적에 부모님의 이혼으로 어머니와 함께 살았다. 어머니가 암에 걸려 투병하던 때에 여러 차례 외동딸인 지인에게 "죽으면 바다에 뿌려다오"라고 부탁했다고 한다. 이혼했기 때문에 친정묘에는 들어가기 어렵고 결혼한 딸에게 묘의 관리를 부탁하기 어렵다는 것이 모친의 본심이었는지도 모르겠다. 지인은 모친이 돌아가셨을 때 유언대로 산골을 했는데, 미리 덜어둔 소량의 유골을 작은 용기에 담아 자택에 안치하고 있다. 모친이 보고 싶을 때는 살그머니 용기를 감싸 쥔다고 한다.

유럽과 미국에서는 유골에 함유된 탄소에 압력을 가하고 고정시켜 인공 다이아몬드로 가공하는 회사가 있다. 일본에도 대리점이 몇 군데 있으며, 반지나 펜던트 등 디자인에 따라 다르지만 40만 엔부터 200만 엔 이상으로 가격대의 폭이 넓다. 업자에 따르면 0.3캐럿에 50만 엔대의 상품이 많이 팔린다고 한다. 유골에서 채취한 원소에 따라 무색투명부터 블루까지 다양한 색상으로 완성되므로 어떤 색으로 만들어질 것인지가 기대된다.

이 밖에도 유골과 원석을 고온에서 녹여 결정을 추출해 낸 인공보석을 제조하는 회사도 있다.

자녀 모두가 부모의 유골을 지니고 싶다며 펜던트를 여러 개 주문하는 유족도 있어 고인을 회상하는 방법은 라이프스타일에 따라서도 다양해지는 것을 실감한다.

유골을 원료로 한 인공보석 액세서리(제공: Reiseki)

필자도 아버지와 남편의 유골을 순도 100%의 인공석으로 가공하여 집안에 안치하고 있다. 심신이 지쳤을 때 이따금 유석(遺石)을 손에 쥐면 고인이 곁에 있는 듯한 느낌이 든다.

과학기술의 발전은 수중공양 상품에도 영향을 준다. 오사카에 있는 3D 모형 제작 회사는 교통사고로 어린 딸을 잃은 유족의 의뢰를 받아 딸의 모습을 한 인형을 제작하는 서비스를 시작했다. 정면에서 찍은 사진 한 장이 있으면 특수한 석고로 3D 프린터를 이용하여 조형할 수 있다. 2016년부터는 이용객의 요구를 수용하여 인형 안에 유골을 채워 넣는 옵션서비스도 시작했다. 가장 작은 20cm 크기는 13만 8000엔, 큰 사이즈

인 30cm는 24만 8000엔으로 저렴하지는 않지만 사진을 보는
것과는 또 다른 느낌이 있다고 한다.

왜 묘를 만드는가

묘에는 두 가지 역할이 있다.

하나는 유골을 안치하는 장소로서의 묘이다. 누구와 들어가
느냐는 측면에서 볼 때 선조와 함께, 친구와 함께 또는 혼자서
등과 같이 묘의 형태는 다양해지고 있다. 또한 어느 장소로 들
어가느냐는 측면에서도 묘석 아래, 수목 아래, 실내의 납골당,
바다에서의 산골, 자택 안치 등과 같이 앞으로도 더욱 다양해
질 것이다.

게다가 앞으로 선조의 묘를 영원히 지켜갈 자손이 있으리라
는 확증은 누구에게도 없다. 누구나 반드시 죽음을 맞게 되므
로 가족이나 자손의 유무, 금전의 유무에 관계없이 모두가 동
등하게 유골의 안치 장소를 확보할 수 있는 방안을 생각해야
만 한다. 예를 들면 무연묘가 생기지 않도록 자손이 있는 한
영구히 사용할 수 있는 묘가 아니라, 사용 기한을 20년, 30년
등으로 정하고 희망하면 사용 기간을 갱신할 수 있는 묘를 만
드는 것도 하나의 안이다. 이미 지자체의 묘지에서는 이러한
대응이 시작되고 있다.

죽음과 장례의 의미를 묻는다

또한 혈연을 넘어 모두가 하나의 묘에 들어가는 방식, 즉 세대 간 계승을 전제로 하지 않는 묘도 대안이 될 수 있다. 자손 대대로 계승을 전제로 하는 묘가 있는 한 무연묘는 앞으로 더욱 빠른 속도로 증가할 것임이 틀림없다.

묘의 또 하나의 역할은 남은 사람이 죽은 사람을 그리워하는 장치라는 것이다.

동일본대지진으로 마을 사람들 다수가 사망했을 뿐만 아니라 묘지나 절도 궤멸적인 피해를 입은 지역이 있다. 절의 경내에 있던 묘는 묘석뿐만 아니라 납골되었던 선조의 유골도 유실되고 말았다.

다른 절에 세를 드는 형태로 세운 납골당에 안치된 유골은 대부분이 지진 희생자이거나 그 이후에 사망한 사람들이다. 상자 하나하나에는 소중한 가족을 잃은 유족의 추억이 가득 들어 있다. 유골을 안치한 장소는 간소한 곳일지 모르지만 남은 사람에게는 그곳이 고인과 대면하는 공간이라는 점에서 묘라는 것에는 변함이 없다.

남아 있는 우리들이 추모할 상대는 다양하며 그것이 선조에 한정되는 것은 아니다. 혈연을 넘어선 사람들이 들어가는 합동묘에는 같은 묘에 들어갈 동료가 추모하는 곳도 있다. 먼저 묘에 들어간 동료를 함께 추모하고 결국은 자기 자신도 그런 식으로 추모를 받을 것이라는 확증은 사후의 안도감으로 이어질 것이다.

같은 묘에 들어갈 사람들이 같은 고령자 주택에서 살았던 동료이거나 취미를 같이하는 친구 등 이전부터 아는 사이라면 이러한 사후의 평안을 기대할 수 있다. 또한 우연히 같은 묘를 계약해 장래에 같은 장소에 묻히게 될 사람끼리 서로 추모하는 방식을 마련한 곳도 있다.

우리들이 애도하는 상대는 인간에 한정되지 않는다. 1990년대 이후 애완동물을 '반려동물'로서 가족처럼 여기는 경향이 현저해지고 있다. 일본 펫푸드협회의 '전국견묘사육실태조사'에 따르면 전국에서 사육되고 있는 개와 고양이 마릿수가 최근 20년 동안에 30%나 증가했는데, 2016년에 1972만 마리 이상이나 된다. 최근 몇 년 동안 사육되고 있는 두수는 감소하는 경향이지만 개나 고양이를 사육하는 가정은 24.1%나 된다.

합동 위령제나 오히간 기간에 애완동물 묘원은 수많은 참배객으로 대성황이다. 보건소에 사체를 넘기면 뼈는 사육주에게 돌려주지 않으므로 애완동물 묘원 이용자의 다수는 개별적으로 화장을 의뢰한 사람들이다. 애완동물의 사진이나 먹이, 편지 등이 놓인 묘는 유족에게는 특별한 장소이며 하나하나의 무덤에는 사육주의 마음이 담겨 있다. 이러한 행위가 죽음을 받아들이는 과정이기도 하다는 점에서는 소중한 가족과의 사별이나 다름없다.

남은 사람이 죽은 사람을 잊지 않는 한 무연묘는 생기지 않는다. 그러나 사망 연령의 고령화로 고인이 남은 사람들의 기

애완동물 묘원의 합동묘

억에 머무는 시간은 짧아지고 있다. 불교에서 말하는 법요는
지금까지는 50회기가 마지막 조문인데, 90대에 사망한 사람의
50회기를 한다면 참석자 다수는 고인에 대한 기억이 없다. 고
령에 사망한다면 생전의 고인과 가까이 교류하고 사후에도 그
리워하며 회상하는 사람들이 이 세상에 생존하는 것은 고작
20~30년이 될 것이다.

　얼굴을 모르는 선조를 위해서라기보다는 생전에 가까웠던
고인을 위해 참배하는 사람이 많아진 것에서도 알 수 있듯이
제사의 대상이 점차 바뀌어가는 것은 당연하다.

　게다가 향후 누구에게도 조문을 받지 못하는 망자가 증가하게 된다면, 유골을 안치할 장소만 있다면 충분하고, 남은 사람이 죽은 이를 그리워하는 장치로서의 묘는 불필요해질 것이다. 묘의 장래는 장례식과 마찬가지로 생전에 망자가 누구와 연결되어 있었는지 사람과 사람 사이의 관계에 의해서도 크게 좌우된다.

"자신의 묘는 어찌 되어도 괜찮다"라고 말하는 사람이 적지 않다. 그러나 한편에서는 생전에 묘를 준비하는 사람도 많다. 망자의 안녕을 보증하는 묘의 형태를 생각하는 일은 죽음이라는 운명을 피할 수 없는 우리들 모두가 직면하는 문제이다.

죽음과 장례의 의미를 묻는다

제4장

고독사 시대에
장송은 어디로 가는가

많은 꽃이 바쳐진 합동 납골묘

가족의 한계

최근 필자는 70대 자녀와 90대 어머니가 같이 치매에 걸려 같은 고령자시설에 들어왔다는 이야기를 그곳에서 일하는 직원에게 들었다. 자녀가 어머니보다 치매의 진행이 빨랐는데, 그것을 이해할 수 없는 어머니는 "내 자식이 왜 변했을까?"라며 매일 한탄하였다고 한다.

또 다른 예로 필자 동료의 부모님은 두 분 모두 간병이 필요한 상태가 되어 따로따로 고령자시설에 들어갔다. 아버지가 돌아가셨을 때 그 동료는 치매를 앓고 있는 어머니에게는 아버지의 사망 사실을 알리지 않기로 했다. 아버지 장례식에 어머니의 모습은 보이지 않았다. 어머니는 남편이 돌아가신 것을 이해할 수 없을 터이고, 이해한다고 해도 낙심하지 않도록 하기 위한 아들의 배려였다.

2000년 이후 남성의 장수화가 초고속으로 진행되어 남편에게 간병이 필요할 무렵에는 아내도 나이가 들기 때문에 예전처럼 '부인이 남편을 간병하는' 구도가 무너지고 있다는 것을 서장에서도 언급한 바 있다. 그러나 앞으로는 부모 세대가 장수하고, 자녀도 고령화하여 부모의 간병을 담당하는 것이 어려운 상황이 되고 있다. "늙어서는 자식을 따르라"라는 속담이 있지만 늙었을 때는 따를 자식이 없다는 것이 현실이 되고 있다.

그렇다면 본래 가족이란 어떤 집단인가? 또한 가족이란 누

그림 4-1

가족이라고 생각하는 사람의 범위   (단위: %)

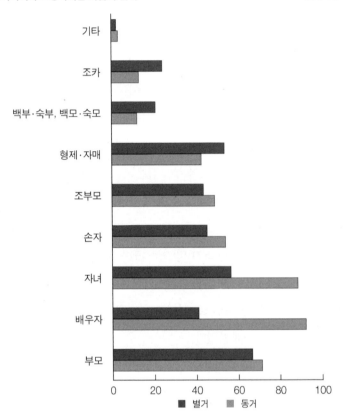

자료: 일본 내각부, 「가족 유대에 관한 조사」(2007년).

구를 포함하는가? 가족의 정의는 시대나 사회에 따라 다를 뿐
만 아니라 사람에 따라서도 다르다.

조금 오래된 데이터이지만 일본 내각부가 2007년에 가족이
라고 생각하는 사람이 누구인지를 물어본 조사가 있다(그림

4-1).

이 조사에 따르면, 동거하고 있는 친족의 경우 '배우자'라고
대답한 사람이 91.4%로 가장 많았고, 다음으로 '자녀'가
87.6%, '부모'가 70.8%의 순으로 나타났다. 그러나 별거하고
있는 친족의 경우에 대해서는 가장 비율이 높은 '부모'가
66.1%, 다음으로 '자녀'가 55.4%, '형제·자매'가 53.2%로 동거
또는 별거에 따라 응답률 결과가 크게 다른 것으로 나타났다.

바꾸어 말하자면 동거하는 자녀는 가족이지만, 별거하는 자
녀를 가족이라고 생각하는지에 대해서는 의견이 나누어진다.
하물며 자녀가 결혼해 다른 곳에서 가정을 꾸리면 자녀를 가
족이라고 생각하지 않는 사람이 많다. '가족은 함께 사는 사람'
이라는 관념에 의거하면, 혼자 사는 사람에게는 가족이 없게
되는 셈이다.

가족은 사람에 한정되지 않는다. 필자는 대학에서 시간강사
를 하고 있는데, 20세 전후의 학생들에게 "자신의 가족을 머리
에 떠올려 보세요"라고 했더니 기르고 있는 애완동물을 언급
하는 학생이 의외로 많았다.

애완동물 화장장을 경영하는 사람에 따르면, 금붕어나 작은
초록거북의 시체를 화장장으로 가지고 오는 일이 드물지 않다
고 한다. 금붕어나 거북이 정도면 마당에 묻어도 좋을 듯하지
만 돈을 들여 화장하려는 사람(대다수가 어린이들이다)은 금붕
어나 거북에게 이름을 붙여준 경우가 많다고 한다. 요컨대 이

름을 붙여서 기르고 있는 생물은 기르는 주인에게는 친밀한 존재이며 가족이 된다.

필자의 조카는 유치원 입학시험에서 "오늘은 누구와 함께 왔나요?"라는 원장의 질문을 받고 "엄마, 아빠하고 구마짱요"라고 대답했다고 한다. 구마짱은 당시 어딜 가나 데리고 다니던 작은 봉제 곰 인형의 이름이다. 어린아이가 소꿉놀이로 봉제 인형을 업고 외출하는 광경을 본 적이 있는데, 유아에게 가족이란 살아 있는 존재에 한정되지 않는다는 증거일 것이다.

이야기를 되돌리자면, 3세대 동거가 주류였던 1970년대까지는 "가족이 없다"라고 응답한 고령자는 거의 없었다. 그러나 앞에서 언급한 바와 같이 일본 후생노동성의 「국민생활기초조사」에 따르면, 2015년에는 65세 이상 고령자가 있는 세대의 26.3%가 동거 가족 없이 혼자 살고 있다.

별거하는 가족과의 관계

그렇다면 별거하는 가족과의 관계는 어떨까? 일본 내각부가 2014년에 실시한 「독거 고령자에 관한 의식조사」에 따르면, 65세 이상 독거 고령자 중에서 간병이 필요해지면 '자녀'에게 부탁하겠다고 응답한 사람은 31.4%에 머물고, '간병 서비스를 하는 도우미'에게 부탁하겠다고 응답한 사람이 51.7%로 과반

죽음과 장례의 의미를 묻는다

수를 차지했다. 그 배경에는 개호보험이 확대된 것도 있지만, 자신의 간병을 별거하는 자녀에게 부탁하고 싶지 않거나 부탁할 수 없다고 생각하는 사람이 적지 않다는 것을 알 수 있다.

별거하는 형제와의 관계도 마찬가지다. 얼마 전 필자의 지인으로부터 형이 사망했다는 이야기를 들었다. 그런데 지인이 그 사실을 안 것은 장례식이 끝난 후였다고 해서 너무 놀랐다. 그 형은 암으로 투병하고 있어 지인이 매월 병문안하러 갔는데, 마지막으로 방문을 한 직후에 병세가 급격히 악화되어 사망했다고 한다.

장례식이 끝나고 2주 정도 지났을 무렵 49재 후에 납골한다는 엽서가 도착해 지인은 형이 사망했다는 사실을 비로소 알았다. 너무 놀라서 형수에게 전화를 했더니 남편이 가족장을 원해서 남편의 형제에게는 알리지 않았다고 한다. "형제는 가족이 아닌가!"라며 지인은 몹시 분개했다.

어릴 적에 형제는 분명히 가족이었지만 형제가 각각 결혼해서 가정을 꾸리면, "가족은 누구인가?", "당신의 가족은 몇 명인가?"라고 물었을 때 형제를 떠올리는 사람은 적을 것이다. 이처럼 형제가 가족이 아니라고 한다면, 자녀가 없는 고령자의 경우 별거하는 가족은 아무도 없게 되는 셈이다. 가족의 범위에 대해 뚜렷한 정의가 있는 것은 아니어서 자신이 가족이라고 생각하면 그게 곧 가족이므로 가족의 범위가 사람에 따라서 달라지는 것은 당연하다. 그러나 가족이라고 생각하는

사람의 범위가 좁아지고 있는 것은 가족 간 관계가 소원해지
는 것이 그 배경에 있을 것이다.

생애미혼자가 후기고령자로

앞에서 언급한 바와 같이, 이제부터는 지금까지 결혼한 적
이 없는 사람들이 속속 고령자 그룹으로 진입하기 시작한다.
2015년 시점에서 65~69세의 남성 중 한 번도 결혼한 적이 없
는 사람의 비율은 9.1%나 된다.

생애미혼인 고령자에게는 간병이나 간호가 필요할 때 의지
할 가족이 있는지, 누구에게 의지할 것인지의 문제가 생긴다.
간병이나 간호는 전문인에게 의뢰할 수 있지만, 사망했을 때
에는 누가 장례식을 치르고 누가 묘를 관리할 것인지의 문제
도 있다.

본인이 오래 살면 형제도 고령화한다. 그런데 형제와의 관
계가 소원해지면 형제라도 헌신적으로 돌봐준다고는 할 수 없
다. 지금까지 사망한 남성 가운데 부인이나 자녀, 손자가 없는
사람은 극히 소수였다. 앞으로는 주변에 아무도 없는 고령자
가 속속 사망하는 미지의 사회가 도래한다.

사람이 죽을 때 침대 옆에 가족이 있는 모습을 TV 드라마에
서는 흔히 볼 수 있지만, 앞으로는 죽을 때 남은 가족이 있다

죽음과 장례의 의미를 묻는다

는 것이 당연하지 않은 사회가 된다. '지금까지'와 '지금부터'
는 크게 다르다는 것을 염두에 두고 인생의 마지막을 맞는 방
법을 생각해야 한다.

대만의 새로운 대응

그렇다면 앞으로의 사회에서는 스스로가 사전에 아무리 생
각하고 준비해 놓더라도 절대로 실행할 수 없는 사후의 일을
누가 맡아야 할 것인가? 여기서는 대만에서의 실천 사례를 소
개하고자 한다.

지금까지 가족이나 친족, 종족(부계혈연집단)에 의한 상호부
조 정신을 기본으로 여겨왔던 대만에서는 저출산, 고령화, 장
수화, 핵가족화가 급속도로 진행되고 있다. 그 결과, 가정 안
에서 이루어지는 개호의 한계, 고령자의 고립 등 새로운 사회
문제가 대두되고 있다.

최근 타이베이시, 신베이시, 타이중시(台中市), 가오슝시 등
의 대도시에서는 장례식을 간소화하고 장례비 부담을 줄이기
위해 시 주최로 장례식을 합동으로 치르고 있다.

타이베이시의 경우 시신 운구나 납관, 시신 안치, 장례식의
모든 비용에서 화장 비용에 이르기까지 유족의 부담은 일체
없다. 재원은 시민들의 기부라고 한다. 2012년에 제도가 시작

타이베이시 합동 장례식장 모습

될 당시에는 이용자가 적어 일주일에 하루 정도였지만, 해마다 이용자가 늘어 2016년에는 일주일에 3일 실시되었다. 한번에 14명까지 합동으로 장례식을 치른다.

필자는 2016년 8월 초(음력 6월 말)에 타이베이시 합동 장례식에 참석할 기회를 얻었다. 필자가 참가한 날에는 8명의 장례식이 있었는데, 그날 고별식 전의 종교의식에 입회한 사람은 장제업자 이외에는 필자 혼자였고 유족이나 타이베이시 직원 누구도 참석하지 않았다.

고별식이 시작되어도 참석자는 유족 4명과 친구 1명뿐이었고, 주최자 측인 타이베이시의 직원이 많았다. 제단에는 영정 없이 불상 그림으로 대용한 것이 있었다. 합동 장례식을 주관

　　　　　　　　　　죽음과 장례의 의미를 묻는다

하는 장의사 직원에 따르면, 고인이 친척이나 친구와 그다지
교류가 없었을 경우 아무도 고인의 사진을 가지고 있지 않은
경우가 있다고 한다.

다음 날 행해진 고인 7명의 합동 장례식에는 유족이 10명
이상 참석했고 친구처럼 보이는 사람이 분향할 때 오열했다.
합동 장례식의 망자가 모두 사회로부터 고립된 사람만 있는
것은 아니다.

또한 희망자에게는 묘도 무료로 제공한다. 제3장에서도 언
급했듯이 대만의 각 지자체에서는 환경을 배려한 묘를 제안하
고 있다. 타이베이시에서는 수목장이나 정원 산골, 해양 산골
어느 방법을 선택해도 무료이다. 이 가운데 해양 산골은 행정
주도로만 할 수 있는데, 2016년 3월부터 11월까지 9회에 걸쳐
시 주최로 전용선을 띄웠다. 화장장에서 선착장까지의 송영이
나 선박비, 의식 비용 등 일체가 무료이다.

대만에서는 시민 기부로 이러한 재원을 확보할 수 있어 다
행이지만, 그 외의 나라에서는 어떻게 하고 있을까?

세금으로 장례식을 치르는 스웨덴

스웨덴은 베그라브닝사브기프트(Begravningsavgift)라는 일
종의 세금을 국민에게 부과하여 이를 장례식이나 납골 비용에

충당한다. 자신의 장례식을 위해 적립하는 것이 아니라, 국민이 국민 모두의 장례식에 드는 비용을 부담한다는 취지이다.

스톡홀름 시민은 월급에서 공제되지만 그 외 지자체에서는, 예를 들면 스웨덴 국교회에 소속되어 있는 사람은 교회에 내는 월 회비에 장의비가 포함되어 있다. 월 장의비 금액은 소속된 교회에 따라 다르지만, 누구라도 사망하면 시신 운구비, 장례식장 사용료, 시신 안치비, 화장 비용이 무료이고 25년간은 묘지를 무료로 사용할 수 있다.

이와는 대조적으로 일본에서는 제2장에서 살펴보았듯이 화장만으로 장례식을 끝내는 경우가 도쿄도 내에서 약 30% 정도에 이른다고 한다. 그 배경에는 사망 연령의 고령화, 독거 고령자의 증가, 지역공동체의 변화, 친척 간 교류 감소 등 여러 요인으로 인해 인간관계가 소원해진 점이 있다.

누구라도 사망했을 때 최소한의 안전망이 있다는 것은 살아 있는 사람에게 안도감을 줄 것이다. 그렇다면, 일본에서는 지금까지 사후를 가족이나 자손이 지켜야 한다고 여겨왔지만 앞으로 사회가 책임지는 것이 가능할까?

고령의 생활보호 수급자가 증가하고 있다

일본 후생노동성 「2015년도 피보호자 조사」에 따르면, 독

그림 4-2

생활보호 수급 세대

(단위: 세대, 년)

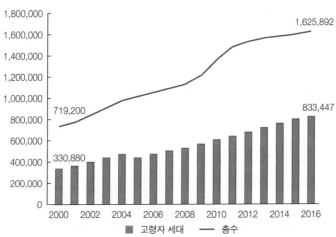

자료: 2015년까지는 일본 후생노동성의 「피보호자 조사」(각 연도), 2016년은 「피보호자 조사」
(2016년 10월).

거 고령자 또는 18세 미만 미혼자가 포함된 '고령자 세대'의 경
우, 2016년 7월 말 시점에서 생활보호비를 수급하는 고령자
세대는 83만 3447세대로 전체 생활보호 수급 세대의 약 절반
을 차지한다(그림 4-2). 더욱이 2000년도와 비교하면 생활보호
비를 수급하는 고령자 세대수는 2.4배 이상으로 증가했다. 전
체 수급 세대수도 증가하고 있지만 고령자 세대의 증가율이
특히 높다.

　게다가 생활보호비를 수급하는 고령자 세대의 경우 단독 세
대가 90.4%로 대다수를 차지한다는 놀랄 만한 통계도 있다.

　일본 후생노동성의 2015년 「국민생활기초조사」에 따르면,

그림 4-3
독거 고령자 세대의 추이   (단위: 1000세대, 년)

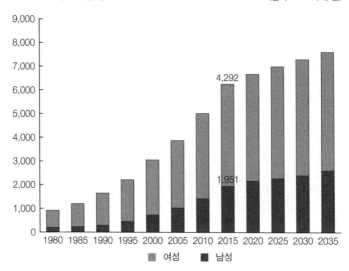

자료: 2015년까지는 일본 후생노동성의 「국민생활기초조사」(각 연도). 2020년 이후는 일본 국
    립사회보장·인구문제연구소의 「일본 세대수의 장래 추계(전국추계)」(2013년 1월 추계).

65세 이상의 단독 세대는 624만 3000세대이기 때문에(그림 4-3) 독거 고령자의 약 11.6%가 생활보호비를 수급했다는 계산이 나온다. 2000년에 생활보호비를 수급한 독거 고령자는 26만 8859명이었는데, 2015년에는 72만 6141명이나 되었다. 최근 15년 사이에 의지할 수 있는 가족이나 친척이 없는 혼자 사는 빈곤 고령자가 심각하게 증가하고 있는 현상을 볼 수 있다.

    앞에서 살펴본 「2015년 피보호자 조사」에 따르면, 2015년 7월 말 시점에서 생활보호비를 수급하는 고령자 세대 중 '노령·퇴직연금', '장애연금', '유족연금' 등을 수급하는 세대는

50.1%에 머물렀다. 고령자 세대의 절반은 연금이 없고, 절반은 수급하더라도 월 수만 엔에 불과해 생활보호비에 의지할 수밖에 없는 상황이었다.

앞으로 독거 고령자가 점점 증가하는 가운데(그림 4-3 참조) 고령자의 빈곤 문제에 어떻게 대응할 것인지가 문제가 되고 있다. 그 대응책 중 하나가 2017년부터 시작한 연금 수급에 필요한 가입기간(수급자격기간)을 현행 25년에서 10년으로 단축하는 방안이다. 이로 인해 새롭게 연금을 수급하게 되는 고령자가 64만 명에 이를 것이라고 정부는 추산한다. 그렇다고 해도 월 수만 엔으로 생활하는 것은 어려울 것이다.

조문받지 못하는 망자

생활보호비를 수급하는 독거 고령자의 증가는 조문받지 못하는 망자의 증가로도 이어진다. 생활보호 수급자는 생활하는 데 필요한 비용에 대응해 부조금이 지급된다. 그 종류에는 '생활부조', '의료부조', '주택부조', '교육부조', '개호부조', '장제부조'가 있다.

장제부조는 ① 자녀, 부모, 조부모, 손자 등이 사망하고 장례를 치르는 사람(부양의무자)이 생활보호 수급자로 생활이 곤궁해 장례를 치를 수 없는 경우, ② 생활보호 수급자 자신이 사망하고 시신을 인수할 친족이 없어 집주인이나 지역복지 담당자인 민생위원 등이 장례를 치를 경우에 신청할 수 있다. 장제부조로 지급되는 금액은 지자체에 따라 다른데, 2017년 현재 어른은 최대 20만 6000엔 이내, 어린이는 최대 16만 4800엔 이내로 정해져 있다.

또한 생활보호 수급자가 사망하면 그 사람의 장례비는 생활보호의 부조 대상이 아니지만, 민생위원 등 다른 사람이 신청하면 장제부조 대상이 된다.

본인에게 자산이 있는 경우는 장제부조의 최대 지급액에서 자산을 차감한 금액을 부조로 지급한다. 어쨌든 치료 중인 병이외의 원인으로 사망한 경우의 검안 비용, 시신 운구, 화장 비용, 관과 유골함 비용 등에만 충당할 수 있다. 즉 장제부조로 사용할 수 있는 것은 시신을 관에 안치하고 화장하는 비용만이고, 독경을 하거나 제단에 꽃을 장식하는 비용은 해당되지 않는다.

최근 고령의 생활보호 수급자가 늘면서 많은 지자체에서 장제부조비가 증가하는 경향을 보인다. 예를 들면 도쿄도 23구는 2014년도에 장제부조비만으로 11억 1235만 엔이 지급되어 2000년도의 2.3배가 되었다(도쿄도의 「복지행정통계」). 지바시(千葉市)에서는 2014년도 장제부조비가 8375만 엔으로 2000년도의 1852만 엔에 비해 4.5배 이상 증가했다(지바시 「통계서」). 그 외에 각 지자체의 복지 통계에 따르면 센다이시(4.2배), 히

죽음과 장례의 의미를 묻는다

로시마시(3.5배), 요코하마시·나고야시(3.0배) 등 많은 지자체에서 최근 15년간 장제부조비가 급증하고 있다.

일반적으로 혼자 사는 생활보호 수급자가 사망하면, 복지사무소가 친족에게 연락을 취한다. 친족이 장례식을 치르는 경우에 그 비용은 모두 친족의 부담이 된다. 따라서 많은 지자체에서 장제부조비의 지급이 증가한다는 것은 친족이 장례 치르기를 거부했거나 친족 자신도 장례비를 부담할 수 있는 경제적인 여유가 없는 경우가 증가하고 있다는 것을 의미한다.

물론 장제부조비로 화장하는 경우라도 친족이나 친구가 납관에 입회하거나 화장장에서 유골을 수습하는 것은 전혀 문제가 되지 않는다. 그러나 실제로는 최후의 고별식에 고인의 연고자가 아무도 오지 않은 채 화장되는 경우가 많다. 이러한 시신은 대부분 아침에 첫 번째로 화장장으로 운송되고, 화장 후 화장장 직원이 유골을 유골함에 넣는다.

화장 이후 유골의 취급도 마찬가지다. 이혼 등의 이유로 자녀와 소원하게 되었거나 수십 년간 형제와 연락이 두절되었다는 등의 이유로 화장한 유골을 인수할 친족이 없거나 친족이 인수를 거부하는 경우가 적지 않다. 친족 입장에서 보면, "그 사람과는 사후에라도 관련되고 싶지 않다", "조상 묘에는 절대로 들이고 싶지 않다", "오랜 기간 연락이 없어 자신에게는 타인이다"라는 기분일 것이다. 생전에 고인과의 관계가 거의 없었음을 알 수 있다.

요코스카시의 실천

이러한 무연사를 줄이기 위해 가나가와현 요코스카시(橫須賀市)에서는 2015년 7월부터 저축액이 250만 엔 이하, 토지와 가옥을 합해 고정자산 평가액이 500만 엔 이하, 연금 등의 월 수입이 18만 엔 이하이며, 의지할 친족이 없는 독거 고령자를 대상으로 엔딩플랜 서포트 사업을 시작했다. 수입이나 자산이 이 기준을 넘는 사람이나 의지할 친족이 있는 사람에게는 도움을 받을 수 있는 법률전문가에 대한 정보를 제공한다.

엔딩플랜 서포트 사업은 시청 직원이 장례, 묘, 사망신고자, 연명치료에 관한 의사를 본인으로부터 사전에 듣고 서면으로 남겨 보관함과 동시에 장의사와 생전계약을 맺는 방식이다. 장례와 납골에 드는 비용의 상한은 생활보호비 장제부조 기준인 20만 6000엔 이내로 제한하고 이용자가 장의사에게 선불로 지급한다. 2017년 현재, 요코스카시는 시에 있는 9개 장의사와 협력관계를 맺었으며, 계약하기를 원하는 시민은 이 중에서 자유롭게 업자를 선택한다. 시 직원은 계약 시에 입회하고, 고령자가 사망했을 때에는 본인의 희망대로 이행되었는지를 체크한다.

계약자가 희망하면 시의 복지담당자가 매월 1회, 시 직원이 3개월에 1회, 생전계약을 맺은 장의사가 6개월에 1회씩 각각 계약자 본인의 안부를 확인한다. 또한 연명치료의 희망 유무,

장의사의 연락처 등이 명기된 등록 서류(자택보관용과 휴대용)가 발행되기 때문에 병원에서도 본인 의사를 확인할 수 있다.

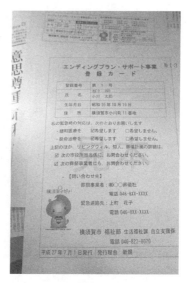

이 사업에서는 이용자의 생전 의사확인서를 계약한 장의사가 보관하는 점이 특징이다. 시청이 보관하면 연말연시나 토·일요일, 근무 외 시간 등 긴급 시의 대응

장의 지원 등록 서류

에 문제가 생기기 때문에 24시간 365일 가동되는 장의사가 보관함으로써 이용자는 언제라도 의사에게 자신의 의사를 전달하는 것이 가능하다. 시청이 이러한 방식을 장의사에게 제안하자 "장의사의 새로운 서비스가 될 것이다"라며 업자 측은 흔쾌히 승낙했다고 한다. 이로써 종말기부터 사후의 장례식과 납골까지를 본인이 원하는 방식으로 지원할 수 있게 되고, 시청이 중간에 개입함으로써 시민도 장의사도 안심할 수 있는 시스템이 구축되었다.

이 사업을 시작한 배경에는 신원이 파악되고 친족이 임종을 지켜보는 가운데 병원이나 자택에서 사망한 경우라도 인수할 사람이 없는 유골이 증가하는 상황과 관련이 있다. 이러한 현

무연고 납골당에 안치된 유골

실을 마주할 수밖에 없었던 시청 직원들이 이 사업을 생각해
낸 것이다.

요코스카시에서는 2003년에 신원불명의 이른바 행려 사망
자(본인의 성명, 본적지, 주소 등이 판명되지 않아서 시신 인수자가
없는 행려 사망자)가 5명이고, 신원은 판명되었지만 인수자가
없는 유골은 11명이었다. 2014년에는 신원 불명자가 3명, 신
원 판명자가 57명으로 최근 10년간 신원과 친족이 파악되었음
에도 인수하지 않는 유골이 급증했다고 한다. 인수자가 없는
유골은 시청의 보관 장소에 6개월에서 1년 정도 안치된 후 시
의 무연고 납골당으로 옮겨진다. 그런데 보관한 유골이 급증
하여 시의 무연고 납골당이 만실이 됨에 따라 2005년, 2011

죽음과 장례의 의미를 묻는다

년, 2015년 3번에 걸쳐 무연고 납골당에서 합계 600구의 유골함을 꺼내 유골만을 별도의 합동묘에 재안치했다. 이 작업을 한 시청 담당자가 "생전에 본인 의사를 확인해 두었다면 무연고 납골당에 안치하지 않아도 되었을 텐데"라고 생각한 것이 이 사업을 기획한 계기가 되었다.

또 하나의 계기는 2015년에 혼자 생활하다가 사망한 70대 후반 남성의 자택에서 발견된 유서였다.

유서에는 15만 엔을 남겼으니 그 돈으로 화장을 하여 무연고 납골당에 안치해 주길 바란다는 내용이 적혀 있었다. 연필로 쓴 종이에는 몇 번이고 수정한 흔적이 있었다. 남성은 암에 걸려 자택에서 요양하고 있었다. 생활에 여유는 없었지만 사후에 필요한 돈을 스스로 마련해 두고 있었다.

그러나 상속인 말고는 돈을 인출할 수 없어 결국 남성은 세금으로 화장되었다고 한다. 15만 엔은 휴면계좌가 되어 결국 국고에 귀속될 운명이다. 시청 담당자에 따르면 생활에 여유가 없어도 "장례식 비용 정도는 자신이 마련해야 한다"라는 생각으로

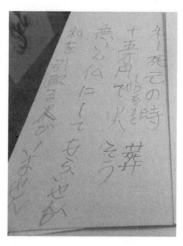

70대 후반 남성의 자택에서 발견된 유서

수십 만 엔 정도를 저축해 두는 사람이 의외로 많다고 한다. 본인이 남긴 저금이 있음에도 공금으로 화장을 하는 경우가 감소한다면 시의 지출도 줄일 수 있다.

이러한 상황을 배경으로 고령자, 장의사, 시청이 정보를 공유하여 생전의 희망을 실현시킬 수 있는 시스템을 생각해 내게 되었다.

절의 합동묘에 하얀 끈으로 묶여 안치된 계약자의 유골함

2016년 1월에 남편과 사별한 여성은 요코스카시의 엔딩플랜 서포트 사업에 등록했다. 여성의 희망은 "죽으면 남편 곁에 있고 싶다"라는 것이었다. 등록 이후 바로 자신이 계약한 묘를 둘러볼 틈도 없이 여성은 남편의 뒤를 따르듯이 사망했다. 필자는 여성이 계약한 절의 합동묘를 방문했는데, 여성의 희망대로 부부의 유골함이 하얀 끈으로 단단히 묶여 있었다. 영대 공양료 10만 엔과 장례식 비용을 합해 장제부조비 상한액인 20만 6000엔으로 장례를 치를 수 있었다.

　죽음과 장례의 의미를 묻는다

지자체의 지원제도는 확산되는가

가나가와현 야마토시(大和市)에서도 2016년에 '장의 생전계약 지원사업'을 시작했다. 의지할 사람이 없는 독거자나 고령자 부부 세대가 대상이며 독거자의 경우 월수입 16만 엔 이하, 저축액 100만 엔 이하, 소유 부동산 없음 등의 조건이 있다. 야마토시의 경우도 원칙적으로 장의 비용은 장제부조 기준액 이내이지만 본인이 원하면 기준액 이상의 계약을 맺는 것도 가능하다. 계약을 할 때에는 시청 직원이 동석한다.

야먀토시에서는 본인이 사망할 때까지 서류를 보관하는 것 외에 정기적으로 본인의 안부를 확인한다. 사전에 등록해 두면 사망했을 때 시에서 친족이나 친구에게 연락도 해준다고 한다. 독거자의 입장에서는 안부를 확인해 주는 것이 고독사의 불안을 경감시켜 주기 때문에 마음이 든든할 것이다.

지바시에서도 2017년 7월에 같은 제도를 시작했다.

인수되지 않는 유골

지금까지 살펴보았듯이 유골이 인수되지 않는 경우는 독거자로 수입이나 자산이 적은 사람뿐만 아니라 행려 사망자 외에 신원이 파악된 경우도 있다.

오사카시에서는 화장 이후 신원은 파악되었지만 인수되지 않는 유골은 화장장에서 1년간 안치한 이후 시에서 운영하는 공원묘지 내의 무연묘로 옮긴다. 1990년에는 생활보호 수급자의 유골만 227구(행려 사망자와 인수자가 없는 유골을 포함하면 336구)를 인수했는데, 2015년에는 1764구(위와 동일, 2039구)로 8배 가까이 증가했다. 2015년에 행려 사망자는 75명이었고, 생활보호 수급자나 행려 사망자도 아닌데 인수자가 없는 유골은 200구나 되었다.

사이타마시에서는 무연고 납골당에 안치된 유골은 2002년에 398구였지만 2013년에는 1216구로 크게 증가했다. ≪닛케이글로컬(日経グローカル)≫이라는 잡지가 2017년에 전국의 지자체를 대상으로 다사사회를 맞이하여 현재 직면하고 있는 과제에 관해 조사했다. 이에 따르면 무연 유골의 인수 증가를 거론한 지자체가 정령지정도시나 중핵시를 중심으로 814개 지자체 가운데 127개 지자체나 되었다.*

지자체에서 운영하는 무연고 납골당에 들어가는 것에는 거부감이 있지만 유골을 신경 쓰고 싶지 않다는 유족도 있다. 우편으로 절이나 묘석업자에게 유골을 보내 저렴한 비용으로 합동묘에 납골하는 '송골 서비스'(제3장 참조)가 등장한 배경에는

---

* 정령지정도시는 인구 50만 이상의 도시에 대해 지정한 것으로 20개 시가 있다. 중핵시는 인구 20만 이상의 도시에 대해 지정한 것으로 54개 시가 있다.

이러한 친족관계의 단절이 있다.

친구도 대화 상대도 없다

그렇다면 생활보호 수급자나 행려 사망자도 아닌데 인수할 사람이 없는 사망자는 어떤 사람들일까?

2012년에 일본 국립사회보장·인구문제연구소가 실시한 「생활과 상호부조에 관한 조사」에서 65세 이상 독거 남성의 경우, 가족을 포함해 누군가와 매일 대화를 하는 사람은 절반밖에 되지 않았다. 16.7%, 즉 6명에 1명은 2주에 1회 이하로 대화하는 것을 알 수 있다(그림 4-4).

이 조사에서 정의하는 대화란 직접 대면하는 대화뿐만 아니라 전화로 하는 대화도 포함한다. 다시 말하자면 6명에 1명꼴로 독거 남성고령자는 2주에 1번도 전화가 걸려오지 않고, 본인도 전화를 하지 않으며, 자택을 방문하는 사람이나 밖에서 만나는 친구도 없고, 이웃과 인사를 나누는 일도 없다. 남성뿐만 아니라, 독거 여성고령자도 매일 대화하는 사람이 62.8%로 남성보다는 높지만 3분의 2 이하에 머물고 있다.

일본 내각부가 2015년에 실시한 「고령자 생활과 의식에 관한 국제비교조사」에 따르면, "가족 이외에 상담 또는 도움을 주고받는 친한 친구가 있는가?"라는 질문에 친구가 있다고 응

그림 4-4
65세 이상 고령자의 대화 빈도   (단위: %)

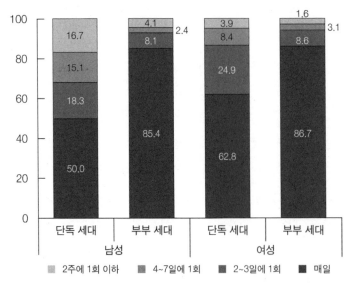

자료: 일본 국립사회보장·인구문제연구소의 「생활과 상호부조에 관한 조사」(2012년 조사).

답한 사람은 일본의 경우 73.1%로 스웨덴 90.5%, 미국 84.7%, 독일 82.2%에 비해 조사대상국 중에서 가장 적다. 일본의 고령자 4명에 1명은 의지할 수 있는 친구가 없는 것이다.

또한 일본 내각부가 2011년에 실시한 「고령자의 경제생활에 관한 의식조사」에서도 병에 걸렸을 때나 전등 교체, 정원 손질 등의 작업을 혼자서 할 수 없는 경우, 60세 이상 독거 남성의 5명 중 1명은 "의지할 사람이 없다"라고 응답했다.

필자가 2010년에 60세부터 85세까지 전국의 남녀 700명을 대상으로 친구 관계에 관해 조사한 결과에서도 같은 경향을

그림 4-5
친구의 유무(복수 응답)   (단위: %)

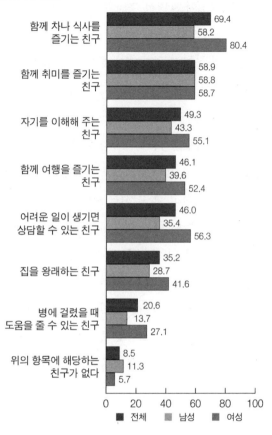

함께 차나 식사를
즐기는 친구
69.4
58.2
80.4

함께 취미를 즐기는
친구
58.9
58.8
58.7

자기를 이해해 주는
친구
49.3
43.3
55.1

함께 여행을 즐기는
친구
46.1
39.6
52.4

어려운 일이 생기면
상담할 수 있는 친구
46.0
35.4
56.3

집을 왕래하는 친구
35.2
28.7
41.6

병에 걸렸을 때
도움을 줄 수 있는 친구
20.6
13.7
27.1

위의 항목에 해당하는
친구가 없다
8.5
11.3
5.7

0   20   40   60   80   100

■ 전체   ■ 남성   ■ 여성

자료: 일본 제일생명경제연구소(2010년 조사).

볼 수 있었다(그림 4-5). '함께 차나 식사를 즐기는 친구', '함께
취미를 즐기는 친구'는 있어도 '자기를 이해해 주는 친구'나 '어
려운 일이 생기면 상담할 수 있는 친구' 등 정신적인 도움을 줄

수 있는 친구가 있는 사람은 특히 남성의 경우 적다.

요즘 남성의 수명이 늘면서 부인과 사별하는 남성이 증가하고 있다. 그러나 부인과 사별하고 혼자 사는 남성은 외출하거나 누군가와 대화를 할 기회가 크게 줄어드는 경우가 많다.

필자가 2016년에 배우자와 사별하고 혼자 사는 고령자에 한정해 1000명에게 친구 관계를 조사한 결과, 차나 식사를 함께할 친구가 있다고 응답한 사람은 남성의 경우 40.8%뿐이었고, 원래부터 동성(同性)의 친구가 없는 사람은 33.6%나 되었다.

또한 남편과 사별하고 혼자 사는 여성고령자는 "집안에서 쓰러지거나 갑자기 병이 나도 아무도 알아차리지 못하는 것"을 불안하게 생각하고 있었다. 그러나 남성의 경우에는 "집안에서 쓰러지거나 갑자기 병이 나도 아무도 알아차리지 못하는 것", "앞으로 몸져눕거나 거동을 못할 경우 간병해 줄 사람이 없는 것", "고독사할지도 모르는 것" 등 여러 가지 불안을 안고 있었다. 이러한 불안은 유사시에 도움을 줄 수 있는 친구나 상담해 줄 수 있는 친구가 있음으로써 조금이나마 줄어든다.

누구나 혼자다

지금까지 살펴본 문제는 경제적으로 곤궁하거나 혼자 사는 일부 사람만의 문제는 아니다. 최근 주민자치회 활동이 활발

죽음과 장례의 의미를 묻는다

히 이루어지지 않는 지역이 증가하여 이웃 간 교류가 예전보다 줄어들고 있다. 필자가 살고 있는 아파트에서는 엘리베이터에서 만나도 인사하지 않는 주민이 많다. 같은 아파트에 살고 있기 때문에 얼굴을 마주치면 인사하는 게 당연하지만, 그럴 필요가 없다고 생각하는 사람들이 늘어나는 것 같다.

오히려 주민끼리 인사를 하지 않도록 정한 아파트도 있다고 한다. 2016년 11월 4일 자 ≪고베신문≫에 게재된 독자투고에 따르면, 아파트 총회에서 어느 부모가 아이에게 "모르는 사람이 인사하면 도망가도록 주의시키고 있으니 아파트에서는 인사하지 않도록 정해주세요"라고 제안한 일이 계기가 되어 '인사금지' 규정이 명문화되었다고 한다. 인사를 했는데 상대방의 반응이 없어 기분이 나빴다는 이유로 인사금지 규정에 찬성하는 주민도 있었다고 한다.

실제로 일본 내각부가 2017년에 전국의 20세 이상의 남녀를 대상으로 실시한 「사회의식에 관한 여론조사」에서 지역 사람들과 "잘 지내고 있다"라고 응답한 사람은 17.5%에 그쳤다. 한편 "지역에서 교류는 어느 정도가 바람직하다고 생각합니까?"라는 질문에서는 "어려울 때 주민 모두가 서로 돕는다"라고 응답한 사람이 전체의 41.4%를 차지해 "어려울 때 마음이 맞는 주민이 서로 돕는다"라고 응답한 26.0%를 크게 상회했다.

최근에는 부모와 자녀 또는 자매가 같이 살다가 모두 사망해서 며칠이나 지난 후 발견되는 사건이 이어지고 있다. 생계를 지탱하고 간병을 해주던 가족이 돌연사하여 남겨진 장애자나 환자가 도움을 청하지 못해 사망한 경우도 있다.

게다가 죽음에 이르는 것은 고령자만이 아니다. 혼자 살고 있던 사람이 돌연사를 하거나 치료 중인 질병 이외의 원인으로 사망한 고립사는 도쿄 23구에서만 2015년에 20대 남녀 159명, 30대 남녀 220명으로 모두 379명이나 된다.

정신적으로나 사회적으로 고립되어 있으면 갑자기 사망한 경우에 시신 발견이 늦어지고, 조문하는 사람이나 유골 인수자가 없는 상황이 벌어져도 이상하지 않다. 돈도 없고, 의지할 가족도 없고, 사회와의 연결도 없는 '3중고'를 안고 있는 사람들이 증가하면서 향후 '슬퍼해 주는 사람이 없는 죽음'이 점점 늘어날 것이다. 본인이 그것을 원한다면 몰라도 사회와 연결되고 싶어도 연결되지 못하는 사람들이 있다면, 그 누구도 무연사하지 않도록 사회가 지원할 필요가 있지 않을까?

무연묘의 증가

조문의 무연화뿐만 아니라 망자에 대한 제사를 자자손손 승계하는 관습도 사라질 위험에 처해 있어, 무연묘 증가가 점점 사회문제가 되고 있다. 무연묘란 오랜 기간 참배한 흔적이 없고 승계할 사람이 없는 묘를 가리킨다.

죽음과 장례의 의미를 묻는다

무연묘의 이장을 알리는 우바가이케히가시 묘지의 게시판(2017년 2월 촬영)

    구마모토현(熊本県) 히토요시시(人吉市)에서는 2013년에 시에 있는 995개소의 묘지를 전수 조사한 결과, 40% 이상이 무연묘이고, 어떤 곳에서는 80% 이상이 무연묘인 경우도 있었다.

    다카마쓰시는 시에서 운영하는 묘지 30개소를 전부 조사하여 2016년 11월 현재 무연묘 상황을 공표했다. 그에 따르면 전체적으로는 21.3%가 무연묘이지만, 어떤 곳은 무연묘 비율이 60%나 되었고, 7개소에서는 그 비율이 30%를 넘었다. 그러나 다카마쓰시에서는 무연묘를 일찍부터 이장했기 때문에 전체적으로 보면 무연묘 비율은 감소하고 있다. 1990년에 시내 11개소 묘지를 조사했을 당시는 3분의 1이 무연묘였다고 한다.

무연묘가 되면 영대 사용권은 말소되어, 묘지 관리자가 일정한 절차를 밟으면 묘석을 철거할 수 있다. 묘지 관리자가 취해야 하는 절차에 대해서는 묘매법의 시행규칙에 다음과 같이 규정되어 있다.

사망자의 본적이나 성명을 명기하고, 1년 이내에 묘의 연고자가 나타나지 않으면 이장하겠다는 취지를 관보에 게재한다. 동시에 묘원 내에 그리고 해당 묘지에 팻말을 세워 최저 1년간 같은 내용을 게시한다. 이러한 공고에 대해 1년 이상 경과해도 연고자가 나타나지 않으면 ① 무연묘의 사진과 위치도, ② 공고에 대해 아무런 이의 제기가 없었다는 것을 기술한 서면, ③ 관보 복사본과 팻말 사진을 시정촌 관공서에 제출하고 이장 신청을 한다.

사진은 묘의 43.6%가 무연묘가 된 우바가이케히가시(姥ヶ池東) 묘지 입구에 게시된 무연묘의 이장 공고이다. 실제로 게시판에는 무연묘가 빨간색으로 표시되어 있어서 무연묘가 무척 많다는 사실에 놀랐다.

도쿄도립공원묘지에서는 연간관리비를 5년 이상 체납하고 있으며 친족의 소재를 알 수 없는 무연묘를 대상으로 2000년부터 철거를 시작했다. 2012년에는 앞으로 계속 늘어날 무연묘를 해결하기 위해 철거된 묘에 납골되어 있었던 유골 6000구를 안치할 수 있는 무연 합동묘를 새롭게 정비했다. 가나가와현 가와사키시(川崎市)에서도 2014년부터 무연묘를 철거하

무연묘석을 모은 호넨지 절의 여래탑

기 시작해 1만 2000구를 수용할 수 있는 무연 합동묘를 설치
했다.

그러나 무연묘 문제는 오늘날에 시작된 것은 아니다. 제3장
에서 언급한 다카마쓰시의 호넨지 절에서는 1942년에 무연묘
의 묘석 3000기를 모아 4개의 산으로 쌓아올린 묘석총(호넨지
절에서는 '여래탑'으로 부름)을 만들었다. 절의 설명에 따르면,
1940년에 묘상학(墓相學)의 대가가 이 절을 방문하여 황폐해
진 무덤이 너무나도 많은 것을 안타깝게 여겨 여래탑 건립을
생각해 냈다고 한다.

조문하는 가족이나 자손이 있고 조상의 묘가 있다고 해도
미래영겁, 자자손손 묘나 조상제사를 계승한다는 보증은 누구

도 할 수 없다. 무연묘가 증가하는 것은 자손이 끊겼기 때문이라기보다는 태어나고 자란 장소에서 일생을 마치는 사람이 감소하는 것과 핵가족화의 영향이 크다. 조상의 묘가 있는 마을에서 살았던 적이 없고, 게다가 조부모와 함께 살았던 적이 없으면 조부모가 사망한 후 성묘만을 위해 교통비를 들여서 그 지역을 방문할 거라고는 생각하기 어렵다. 라이프스타일의 변화와 더불어 사후의 안녕을 누가 어떤 방식으로 새롭게 보증할 것인지가 과제로 대두되고 있다.

새로운 관계성을 어떻게 구축할 것인가

이제 혈연이나 친족 네트워크만으로는 노화, 질병, 죽음을 영속적으로 지원하는 것이 불가능한 정도까지 사회는 변화하고 있다. 그렇다면 누구라도 안심하고 죽을 수 있는 사회를 실현하기 위해서는 살아 있는 동안의 안심이나 사후의 안녕을 누가, 어떻게 보장하면 좋을까?

정든 지역에서 모두가 안심하고 생활하기 위해서는 주민이 서로 돕는 공조(共助) 정신이 토대가 되어야 하지만 혈연이나 지연은 물론이고 인간관계는 하루아침에 이루어지지 않는다. 지역 사람들과의 상호 네트워크를 만들기 위해 다양한 시도를 하고 있는 지역도 생겨나고 있다.

죽음과 장례의 의미를 묻는다

예를 들면 '이웃축제'라는 이벤트다. 약 20년 전에 파리의 작은 아파트에서 여성고령자가 사후 1개월이 지나서야 발견되었다고 한다. 그 사실에 충격을 받은 한 청년이 "이런 비극을 반복하지 않도록 하자"라며 같은 아파트 거주자나 이웃 사람들에게 "마실 것이나 먹을 것을 가지고 와서 함께 이야기를 나누자!"라고 호소한 것이 이웃축제의 시작이다.

5월의 마지막 금요일을 '이웃과의 날'로 정해 1년에 한 번 같은 아파트나 지역에 사는 사람들이 과자나 와인, 차 등을 가지고 와서 부담 없이 이야기를 나눈다는 것이 공감을 얻어 지금은 세계 36개국에서 3000만 명 이상이 참가하는 대형 이벤트가 되었다.

일본에서도 2008년에 처음으로 이웃축제가 도쿄 신주쿠에서 개최된 이후 이웃축제를 여는 단지나 아파트가 증가하고 있다. 주민자치회의 이벤트라면 "며칠 전부터 준비하는 것이 힘들다", "많은 사람을 모이게 해야 한다"라는 부담으로 꺼리는 경향이 있지만, 이웃축제는 "오랜만에 모두가 모여서 잠깐 이야기를 나누자"라는 가벼움이 핵심이라고 한다. 아파트의 정원이나 근처 공원, 절이나 신사 경내 등 열린 공간에서 이루어지므로 누구나 참가할 수 있고 도중에 참가하거나 자리를 뜨는 것도 자유롭다.

유연한 교류의 기회는 또 있다. 최근 인근 공원을 이용하여 고령자를 대상으로 무료 공원체조교실을 정기적으로 개최하는 지자체가 늘고 있다. 도쿄 오타구에서는 지역에 거주하는 65세 이상 고령자이면서 의사에게 운동 제한을 받지 않는다면 누구나 사전예약 없이 활기차게 공원체조에 참가할 수 있다. 자택에서 가까운 공원에서 함께 몸을 움직임으로써 즐겁게 운동을 지속할 수 있고, 체조가 끝나면 참가자들과 차를 마시거나 이야기를 나누는 것이 혼자 사는 고령자에게는 외출의 즐거움으로 이어질 수도 있을 것이다.

여담이지만 중국에서는 중고령 여성 수십 명이 모여 인근 공원 등에서 춤을 추는 것이 유행하고 있다. 필자가 대학에서 가르치고 있는 중국 유학생은 "정년퇴직한 모친이 매일 공원에 춤추러 다니면서 주변에 친구들이 많이 생겨 활기차게 살고 있다"라고 했다. 실제로 필자도 얼마 전, 밤 8시경에 상하이 교외에 있는 회사 주차장을 지나가다가 많은 여성이 춤추고 있는 광경을 목격했다. 홍콩에서도 이와 같은 집단 댄스가 유행하고 있다. 함께 춤추는 것은 신체적인 건강으로 이어질 뿐만 아니라 사회적으로 고립된 사람이 줄어드는 효과가 있다. 이것이 홍콩이 세계 제일의 장수 지역이 된 비결이라는 견해도 있다.

독거 고령자의 고립을 막으려고 65세 이상이면 할인가격으로 이용할 수 있는 식당을 개업한 회사도 있다. 후쿠오카시의 관혼상제 회사가 2017년에 설립한 식당은 영업시간 외에는 교류 공간으로 무료 개방하여 지역의 고령자가 장기나 바둑을

　죽음과 장례의 의미를 묻는다

두고 대화를 즐길 수 있도록 하고 있다. 도쿄도 오타구에 있는 지역포괄지원센터 '오타 고령자 지킴이 네트워크'에서는 2015년에 '어머니의 건강지킴이 식당'을 열었다. 조리와 접객을 고령자가 담당하고 있어서 비슷한 고령자가 편안하게 출입할 수 있는 점이 특징이다.

어려울 때 주위 사람이나 사회에 도움 또는 SOS를 요청하기 쉬운 환경이 마련되어 있지 않으면, 만일의 사태에 대비한 안전망은 아무리 제도나 시스템이 구비되어 있더라도 기능하지 않는다. 건강할 때는 이웃과의 교류나 지역 주민과의 인간관계가 번거롭다고 생각해도, 막상 어려울 때 의지할 사람이 없는 상황에 놓일 가능성은 누구에게나 있다. 소소한 활동일지 모르지만 무연사를 방지하려면 지연이나 혈연에 얽매이지 않는 유연한 관계성을 어떻게 쌓아갈 것인지가 과제이다.

사후의 공동성

'사후의 공동성'을 모색하는 움직임도 있다. 1999년에 설립된 효고현 고령자 생활협동조합(고령자생협)은 효고현에서 약 5600명의 회원을 갖고 있는 조직이다. "외톨이 고령자가 없게 하자", "병들지 말자, 아프지 말자"라는 목표를 내걸고 지역에서 그리고 회원 간에 서로 지원하는 시스템을 구축해 왔는데,

최근 사후에도 이러한 관계를 이어가고 싶어 하는 요구가 높아지고 있다고 한다.

이러한 요구에 대응해 효고현 고령자생협에서는 2014년에 민간 공원묘지 한쪽에 공동묘를 건립했다. 2017년 1월 말 시점에서 계약자는 104명, 이 가운데 납골된 유골은 26구이다. 비용은 생협조합원 본인은 15만 엔, 동거 가족은 10만 엔이다. 2017년 10월에는 다른 공원묘지에 두 번째 공동묘를 개설했다.

사후에 공동묘에 들어가겠다고 생전계약을 하는 회원이 늘어나자 생협에서는 '영원의 모임'을 결성하고, 계약자 및 가족을 연결하는 모임으로 매년 1월에 신년 오찬회, 4월 두 번째 일요일에 공동 헌화와 영대 공양제(납골식), 6월에 오찬회, 9월에 추분기 공동 참배 모임을 개최하여 회원 간 친목을 도모하고 있다.

필자는 신년 오찬회에 참가했는데, 처음 참가하는 회원이라도 낯설지 않도록 동요를 합창하거나 혼자 사는 사람들끼리 같은 테이블에 앉도록 하는 등 모두가 즐겁게 식사를 하도록 꼼꼼하게 준비한 모습이 돋보였다.

그날 오찬회 참석자 중에는 혼자 사는 여성이 많았다. 이야기를 들어보니 대부분 먼저 떠난 남편을 공동묘에 납골한 유족이었다. 2년 전에 42세로 돌연사한 아들을 공동묘에 납골했다는 부부는 '영원의 모임'이 주최하는 친목회에 대부분 참석했다. 매달 아들의 기일과 같은 날짜가 되면 반드시 공동묘를

죽음과 장례의 의미를 묻는다

효고현 고령자생협의 공동묘

찾아 묘석을 청소한다. 언제나 묘석이 반짝반짝 빛나고 있어서 사무국이나 다른 이용자들로부터 감사하다는 말을 듣고 있다. 소중한 사람이 같은 묘에 납골되어 있다고 하는 관점에서는 유족 공동체이지만, 언젠가 자신도 이곳에 들어간다는 관점에서는 사후 공동체로서의 '묘우(墓友)' 집단이기도 하다.

효고현 고령자생협에서는 독창적인 '나만의 엔딩노트'를 작성하는 한편, 법무사나 변호사, 장의사가 진행하는 웰다잉 세미나에도 힘을 기울였다. 2016년에 개최한 45회 세미나에는 약 700명이 참가했다. 고령자생협이라는 특성도 있지만, 처음부터 동호회활동이나 문화활동을 중시해 고령자가 지역에서 고립되지 않도록 다양한 방안을 마련하고 있는 점이 다른 생협과 다르다. 이러한 고령자생협이 설립한 공동묘는 교토(京都) 고령자생협, 가가와현 고령자생협 등에서도 볼 수 있다. 이처럼 노년에서 죽음까지를 지원하는 시스템이 확산되고 있다.

야마가타현(山形県)에 있는 생협 교리쓰사(共立社)는 2016년에 공동묘 '코프협동원(こ~ぷ協同の苑)'을 건립했다. 기존의 공원묘지에 세운 공동묘가 아니고 생협이 직접 토지를 매입하여 조성한 공동묘라는 점이 특징인데, 이러한 사례는 전국에서 유일하다.

이러한 공동묘는 "묘지를 계승할 후손이 없다", "자녀에게 묘의 유지·관리 부담을 주고 싶지 않다", "묘에 비용을 들이고 싶지 않다"라고 생각한 쓰루오카시(鶴岡市)의 유지들이 설립한 '묘를 생각하는 모임'에서 시작되었다. 이들은 자신들이 직접 공동묘를 만들려고 했는데, 공동묘라고 해도 계승을 전제로 하는 형태로는 언젠가는 유지·관리를 할 수 없게 된다는 점을 깨닫고 이 문제를 생협 교리쓰사에 상담했다고 한다. 생협 교리쓰사는 지자체와 교섭을 했고, 그 결과 생협이 공동묘를 운영하는 것이 가능하다는 결론에 이르렀다. 약 3년 이상의 시간을 들여 공동묘를 조성할 수 있는 토지를 찾을 수 있었다. 그 당시에는 첫해에 70건 정도의 신청이 있을 것으로 예상했지만 이를 훨씬 뛰어넘는 속도로 신청이 빠르게 증가했고, 2017년 이후 매년 9월에는 합동 공양을 한다고 한다.

고령자 주택에서도 공동묘를 건립하려는 움직임이 있다. 유

죽음과 장례의 의미를 묻는다

코프협동원의 내부 모습

료 노인홈 '다카라즈카 에덴원(宝塚エデンの園)'은 2010년 효
고현 다카라즈카시(宝塚市)의 공영 묘지에 공동묘를 건립했
다. 시즈오카현 이즈시(伊豆市)에 있는 유료 노인홈 '라이프하
우스 도모다치마을(ライフハウス友だち村)'은 2012년에, 고베
시의 고령자주택 '유이마루 이카와다니(ゆいま~る伊川谷)'는
2013년에 각각 민간 공원묘지에 공동묘를 조성했다. 그 배경
에는 "자녀에게 폐를 끼치고 싶지 않다", "묘지를 계승할 사람
이 없다"라는 입주자의 요구가 있었기 때문이라고 한다.

　다카라즈카 에덴원을 운영하는 사회복지법인 세이레이복지
사업단(聖隷福祉事業団)은 전국에서 운영하는 유료 노인홈 7
개소 가운데 6개소에서 공동 공원묘지를 건립했다. 간병뿐만 아니라 사후의 안심도 제공하는 유료 노인홈이라고 할 수 있다. 대부분의 공동묘에서는 입주자들이 한 해에 1~2회 참배를 하는 합동 위령제가 있다. 생의 마지막 거처를 함께한 사람들끼리 사후에도 공동성을 유지해 간다는 시도이다.

지역에서 묘를 관리한다

지역에서 사자의 공동성을 구축하려는 움직임도 있다. 가고시마현(鹿児島県) 아마미오시마(奄美大島)에 있는 우켄손(宇検村)에서는 마을마다 '정령전(精霊殿)'으로 불리는 공동 납골당을 건설하여 마을 거주자나 마을 출신자의 유골을 한 곳의 납골당에 모아서 공동으로 공양하고 있다. 우켄손 인구는 1955년에는 6301명이었지만, 2017년 4월 말 현재에는 1772명으로 최근 60년간 30% 이하로 감소하여 과소화가 진행되고 있다. 마찬가지로 과소화가 진행되는 지역은 많이 있지만, 우켄손처럼 마을이 공동 납골당을 운영·관리하는 사례는 전국적으로 매우 드물다.

이러한 공동 납골당을 설치한 배경에는 섬 바깥으로 전출한 사람의 조상묘를 친척들이 계속 지키는 것이 부담이 되고, 관리되지 않는 무연묘가 증가하고 있는 점 등이 있다. 현재 14개 마을 중에서 8개 마을에 공동 납골당이 있다.

죽음과 장례의 의미를 묻는다

아시켄 마을의 공동묘 납골당

예를 들어 우켄손 내의 아시켄(芦検) 마을에서는 1996년에 공동묘를 건설했는데, 공동묘에는 납골당 주변을 감싸듯이 그 때까지 사용되고 있었던 각 집안의 묘석이 늘어서 있다. 물론 건설할 때 주민들은 출자했고 간사이 지방이나 간토(関東) 지방으로 떠난 사람들의 친목회에서도 1세대당 4만 엔을 기부했다. 기부한 사람들에게는 납골권이 부여된다고 한다. 아시켄 마을에서는 우켄손 지자체에 지원을 요청했지만 마을묘지의 건설을 직접 지원하기가 어렵기 때문에 우켄손은 묘지 주변을 공원으로 정비해 주었다.

또한 야돈(屋鈍) 마을에서는 2000년에 기존의 마을묘지 부지에 공동 납골당을 건설해서 각 가정의 묘에 있는 유골을 공동 납골당으로 이장했다. 납골당의 앞쪽은 8월에 마을 사람들이 모여 춤을 추는 광장을 겸하고 있기 때문에 매우 넓다.

이처럼 아마미(奄美) 지방에는 음력 오봉의 마지막 날이나 음력 8월에 마을 사람들이 춤을 추며 조상에게 감사를 전하는 관습이 있어서 어느 마을에나 묘지에는 그와 같은 광장이 설치되어 있다.

그 외에 아마미오시마에서는 매월 음력 1일과 15일에 묘에 성묘하러 가는 관습이 있는데 마을 사람들이 순번을 정해 성묘 전날에 공동 납골당을 청소한다. 야돈 마을에는 2017년 4월 현재, 30세대 55명이 살고 있는데, 묘지의 청소당번은 모두 16명이고 1년에 2회씩 청소당번을 하도록 조를 짜놓았다고 한다.

혈연을 넘어서 모두가 묘를 관리한다면 무연묘가 될 가능성은 낮아진다. 같은 마을 주민 전원이 하나의 가족이 되어 망자를 공양하는 것은 작은 마을이기 때문에 가능한 측면이 있지만, 주목할 만한 가치가 있다고 생각한다.

죽음과 장례의 의미를 묻는다

제5장

누구에게

사후를 맡길 것인가

망자의 영혼을 실은 정령선(시마네현 니시노시마초)

어느 날 한순간에 가고 싶다

"어느 날 갑작스럽게 죽는 것과 치료할 수 없는 병에 걸려 서서히 죽는 것 중 어느 쪽이 좋은가?"라고 묻는다면 여러분은 어느 쪽을 선택할 것인가? 많은 사람이 갑작스럽게 죽고 싶다고 대답할 것이다.

필자는 강연할 때 어느 쪽이 더 나을지 참석자에게 질문을 던지는 경우가 자주 있다. 죽는 방법을 본인이 정할 수 없는 이상 의미 없는 질문이라는 것은 알지만, 참석자의 80% 이상은 "한순간에 갑작스럽게 죽고 싶다"라고 말한다.

그러나 "오늘 밤 갑작스럽게 가고 싶은 사람이 있습니까?"라고 물으면 대부분 손을 들지 않는다. "한순간에 가고 싶다고는 해도 오늘이나 내일은 싫다"라는 것이 많은 사람의 생각일 것이다.

그렇다면 왜 많은 사람들이 한순간에 가고 싶다고 생각하는 것일까? 필자가 관계하는 호스피스재단의 조사에서는 "만약 스스로 죽는 방법을 결정할 수 있다고 한다면 당신은 어느 쪽이 이상적이라고 생각하십니까?"라는 질문에 70% 이상의 사람들이 "어느 날 갑자기 심장병 등으로 죽는다"라고 응답했는데 그 이유가 매우 흥미롭다.

"거동을 못 해도 좋으니까 병으로 서서히 죽는다"라고 응답한 사람들은 "죽음을 맞이할 마음의 준비를 하고 싶기 때문에"

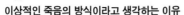

그림 5-1

이상적인 죽음의 방식이라고 생각하는 이유 (단위: %)

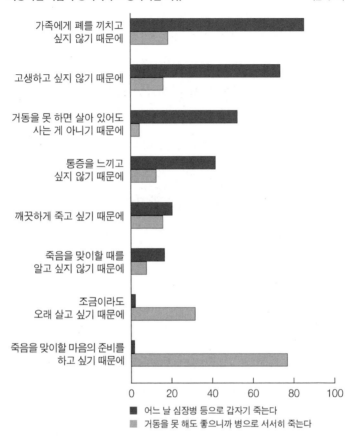

자료: 일본호스피스·완화의료연구진흥재단(2011년).

라고 응답한 경우가 76.6%로 압도적으로 높았고, 한순간에 가고 싶다는 사람들은 "가족에게 폐를 끼치고 싶지 않아서"가 80%를 넘었다. 그다음으로 많은 응답이 "고생하고 싶지 않기

　　　　　　　　　　　　죽음과 장례의 의미를 묻는다

때문에", "거동을 못 하면 살아 있어도 사는 게 아니기 때문에", "통증을 느끼고 싶지 않기 때문에" 등의 순으로 이어진다 (그림 5-1). 한순간에 갑작스럽게 죽고 싶다는 사람들은 긴 병고가 가족에게 큰 부담이 될 것을 걱정하는 데 반해, 병들어 서서히 죽고 싶다는 사람들은 자신의 인생을 잘 마무리하고 싶다는 생각이 있다. 양자 간에 죽음에 대한 생각이 다르다는 것을 알 수 있다.

팔팔하다가 어느 날 갑작스럽게 가고 싶다는 것을 지향하는 사고방식이 있을 정도로 일본에서는 "가족에게 폐를 끼치고 싶지 않아서"라고 생각하는 사람이 적지 않다.

그러나 병을 오래 앓거나 누워 있는 상태가 되지 않도록 적당한 운동을 하고 건강한 식생활을 한다고 해도, 그 누구도 죽음을 피할 수는 없다. 더구나 어떤 원인으로 죽을지는 아무도 모른다. 암이 상당히 진행된 상태로 발견된다 하더라도 암으로 죽는 것이 아니라 부상이나 사고로 사망할 가능성도 없지 않다. 그렇다면 어떤 죽음이든 죽는 순간까지 어떻게 살았는지가 더 중요한 문제가 될 것이다.

이상적인 죽음이란 가족에게 둘러싸여 숨을 거두는 것일까? 침대에 누운 상태라도 취미 등을 즐기며 좋아하는 일을 하고 지내는 것일까? 가능한 한 생의 마지막 순간까지 가족과 자택에서 지내며 일상생활을 하는 것일까? 배우가 흔히 "무대 위에서 죽는 게 소원"이라고 말하듯이 죽기 직전까지 일을 하고 싶다는 사람도 있을 것이다.

사람에 따라 떠올리는 이상적인 최후의 모습은 다양하지만, 실제로 그 입장이 된다면 일상생활과 다름없는 생활을 하고 싶다는 사람이 많지 않을까? 그런 의미에서 죽음 직전까지 평소대로 생활하다가 어느 날 한순간에 죽는 것이 이상적이라고 생각하는 사람이 많은 것도 납득이 간다.

폐를 끼치고 싶지 않다

문제는 어떤 방법으로 죽든 자기 스스로는 죽음을 완결시킬 수 없다는 것이다. 긴 병으로 가족에게 폐를 끼치고 싶지 않다거나 투병으로 고통받고 싶지 않다는 이유로 갑작스럽게 죽기를 원하고, 가령 그렇게 된다고 해도 사망한 사실을 주변 사람이나 관공서에 알리고 시신을 처리하는 작업은 누군가에게 부탁해야만 한다. 그것은 어떤 방법으로 죽든 마찬가지다.

그렇다면 가족에게 폐를 끼치는 장례식이란 어떤 장례식일까? 많은 조문객의 접대로 유족을 힘들게 만드는 경우일까? 또는 장례식에 돈이 많이 들어가는 경우일까? 건강할 때 장례식에 대해 생각해 두자는 풍조는 장례식의 간소화에 박차를 가한다. 이것은 자신의 장례식을 성대하게 치러주길 원하거나 있는 돈을 모두 쏟아붓기를 바라는 사람은 거의 없기 때문이

죽음과 장례의 의미를 묻는다

다. 제1장에서도 언급했듯이 대다수의 사람은 가족과 친한 친구만으로 자신의 장례식을 치러주길 바라고 있다.

묘도 마찬가지다. 자신이 죽으면 대단한 묘를 만들어주기를 바라는 사람은 적을 것이다. 예전에는 멋지고 커다란 묘석을 세우는 사람이 많았지만, 그것은 고인의 생전 의사가 아니라 남겨진 가족의 의사였던 것이다.

'나의 죽음'

치유될 가망이 없는 병에 걸려 죽음을 피할 수 없는 경우, 그 사실을 알고 싶은지, 생의 마지막을 어떻게 보내고 싶은지가 사회적 이슈가 되고 있다. 이러한 흐름 속에서 많은 사람들이 장례식과 묘를 어떻게 할지를 고민하게 된 것은 최근 20년의 경향이다. 바꾸어 말하면 1990년대 후반부터 건강할 때 '나의 죽음'에 관해 생각하는 풍조가 생겨난 것이다.

그 이전에는 죽음이란 '누군가의 죽음', '소중한 사람의 죽음'을 의미하는 것으로 '나의 죽음'이라는 관념은 희박했다. 에도 시대에 쇼쿠산진(蜀山人)이라는 호로 알려진 교카(狂歌)의 대가 오타 난포(大田南畝)의 사세구(辞世の句)*에는 "지금까지

---

* 사세구는 죽을 때 남기는 짧은 시조를 말한다.

는 남의 일이라고 생각했는데, 내가 죽는다니 견딜 수가 없구나"라는 글귀가 있다. 의료 기술이 발달하지 않은 시대에는 병이 나면 바로 죽었을 것이고, 대가족이고 이웃과의 교류가 밀접했기 때문에 자택에서 고립사하는 일도 없었을 것이다. 사망하면 이웃 사람들이 함께 장례를 치르고 마을의 공동묘지에 장사를 지내는 것 이외에 선택지는 없었다. 그런 시대에는 "자신은 어떤 죽음을 맞고 싶은가?", "어떤 장례식을 치르고 싶은가?"에 대한 발상은 없었다.

'나의 죽음'이란 의료 방식, 장례식, 묘의 선택지가 늘어나고 자신의 희망대로 인생을 마무리하고 싶다는 사람들이 등장하면서 비로소 생겨난 개념이다. 동시에 가족 형태나 의료 서비스의 다양화, 생활의식의 변화로 '나의 죽음'에 관해 생각해야만 하는 시대가 되었다고 볼 수 있다. 지금까지 타인의 죽음을 돌보아 온 사회나 가족의 모습이 바뀐 오늘날에는 자신의 일은 스스로 생각하지 않으면 안 된다는 필연성에서 비롯된 의식이기도 하다.

'누구의 죽음인가'에 따라 다른 감정

그렇다면 본래 죽음이란 자기 자신의 문제인가? 아니면 남겨진 사람의 문제인가? 죽는 것은 본인이지만 남겨진 사람에

죽음과 장례의 의미를 묻는다

게도 소중한 사람의 죽음은 인생에서 매우 중요한 사건이다.

블라디미르 장켈레비치(Vladimir Jankélévitch, 1903~1985)라는 프랑스의 철학자는 죽음에 관해 생각하는 시점은 1인칭, 2인칭, 3인칭에 따라 다르다는 점을 지적했다.

예를 들어 '일본에서는 2016년에 129만 명 이상이 사망했다'는 객관적인 데이터를 제시해도 대부분의 사람은 그러한 사실 자체에 대해 '슬프다', '허전하다'는 감정을 갖지 않을 것이다. 이러한 감정은 사망한 당사자와 모르는 사이라면 생기지 않는다. 모르는 사람이라도 사건이나 사고에 휘말리거나 재해 등으로 사망한 경우, 그러한 뉴스를 접하면 '불쌍하다', '안쓰럽다'는 감정을 가질 수 있지만 가까운 사람이 사건, 사고로 사망했을 때의 감정과는 다를 것이다.

그렇다면 소중한 사람이 사망했을 때는 어떨까?

객관적으로 바라볼 수 있는 3인칭의 죽음과는 달리 소중한 사람을 잃어버린 경우는 슬픔이나 상실감, 고독감 등 여러 가지 감정이 솟아오른다. 소중한 사람의 죽음은 남겨진 사람에게 그 사람을 잃었다는 사실뿐만 아니라 그 사람과의 쌍방향의 관계도 사라졌다는 이중 상실을 의미한다.

소중한 사람의 사망에 대해서는 '나를 지켜주고 있다', '내 마음속에 살아 있다'는 감정을 갖는 사람이 많을 것이다. 그런 의미에서 소중한 사람은 죽어도 관계성은 사라지지 않는다고 말할 수 있지만, 상대가 사망한 이상 쌍방향으로 맺어졌던 관계는 더 이상 지속되지 않는다. 즉 남겨진 사람은 죽음을 계기로 소중한 사람과의 관계성을 재구축하는 것이 가능하다고 해도, 지금까지의 쌍방향의 관계성은 소중한 사람의 죽음과 함께 사라진다. 그러나 불단이나 영정에 합장하거나 물이나 밥을 올리고 마음속으로 말을 거는 것은 이쪽이 망자를 생각하는 마음이고, 망자가 지켜준다는 감정도 이쪽의 일방적인 바람에 지나지 않는 것이지만, 망자와의 연결이 없어진 것은 아니다.

다음으로 1인칭의 죽음인 '나의 죽음'은 어떤가? 의사로부터 자신이 얼마 후에 죽는다는 것을 통보받았다 해도 본인이 죽었다는 사실을 알 수 있는 사람은 없다. 설령 알았다고 해도 그 사람은 죽었기 때문에 어떻게 죽음의 순간을 맞이했는지, 죽는 순간 어떤 느낌이었는지를 죽은 당사자로부터 들을 수 없다. "생의 마지막을 어디에서 맞고 싶은가?", "장례식은 어떻게 할 것인가?", "어떤 묘에 납골할 것인가?" 등을 생각하는 것은 죽음을 맞는 방법이나 사후 처리의 문제로 엄밀히 말하면 자신의 죽음 그 자체에 관한 것은 아니다. 결국 '나의 죽음'에 관해서 주변 사람의 죽음을 통해 자신도 언젠가는 그렇게 죽어가리라는 것을 배우는 정도밖에 할 수 없다.

죽음과 장례의 의미를 묻는다

소중한 사람의 죽음

"죽는 것이 두렵습니까?"라는 질문을 받으면 두렵다고 하는 사람도 있고, 두렵지 않다고 하는 사람도 있을 것이다. 그렇다면 자신이 죽는 것과 소중한 사람이 죽는 것과는 어느 쪽이 더 두려울까?

필자가 2006년에 약 1000명을 대상으로 실시한 조사에서는 '나의 죽음'과 '소중한 사람의 죽음'에 대해 남녀노소를 불문하고 소중한 사람의 죽음 쪽이 두렵다는 결과가 나왔다. '자신이 죽는 것이 두렵다'는 감정은 젊은 사람에게서 강한 경향이 있지만, 젊은 사람의 경우에도 자신이 죽는 것보다 소중한 사람이 죽는 것이 더 두렵다고 느끼고 있음을 알 수 있었다.

마찬가지로 자신은 죽으면 무(無)가 된다고 생각하는 사람이더라도, 소중한 사람은 죽어서 무(無)가 된다고는 생각하지 않는다. '내 마음속에 살아 있다', '나를 지켜주고 있다'는 감정은 소중한 사람이 무(無)가 되지 않는다는 증표이다. 이러한 모순된 의식은 '자신의 장례식은 필요 없지만, 소중한 사람이 사망했을 때는 장례식을 한다', '나는 묘가 필요 없지만, 소중한 사람의 성묘는 한다'는 행동에서도 나타난다.

다시 말해 "죽으면 무(無)"라는 것을 전제로 자신의 장례식이나 묘에 관해 생각한다면, 당연히 "장례식은 하지 않아도 좋다", "가족만 모여서 조촐하게 치러주기를 원한다" 또는 "묘는 필요 없다", "바다에 뿌려주면 좋겠다"라고 생각할 것이다.

그러나 남겨진 사람의 입장에서는 사망한 사람을 소중하게 생각한다면 "죽으면 무(無)"라고 생각하지 않을 것이다. 소중한 사람이기 때문에 남겨진 사람들은 본인의 의사를 존중하지만, 장례식을 하지 않고 묘도 만들지 않는다면 죽음에 대한 슬픔을 함께 나눌 동료나 공간이 없어서 죽음을 받아들이기 어려운 사람도 있다.

예전에 「천 개의 바람이 되어」라는 노래가 유행한 적이 있었다. 많은 사람은 죽은 사람이 천 개의 바람이 되어 하늘을 떠돌고 있다는 이미지에 공감했을 것이다. 우리들 대부분은 자신이 죽으면 무(無)라고 생각하는 반면에 소중한 사람은 죽어서도 언제까지나 자신을 지켜준다는 이중의 모순된 감정을 갖고 있다.

이런 점에서 죽음에 관해 생각할 때 우리들은 자신이 죽는다는 것을 전제로 생각하는 경향이 있지만, 남은 사람들의 문제를 생각하는 것도 매우 중요하다는 것을 알 수 있다.

그러나 라이프스타일이 바뀌면서 사망한 사람에 대한 추모 방식도 바뀌었다. 예를 들면 불단을 두지 않거나 불상을 모시는 방이 없는 집이 늘었다. 예전에는 불상이 있는 방의 벽에 조상들의 사진을 걸어두었지만, 이러한 모습도 이제는 옛이야기가 되고 있다. 불단 앞에 앉아 아침저녁으로 합장하는 행위는 망자와 대면하는 중요한 시간이며, 망자의 사진에 둘러싸

죽음과 장례의 의미를 묻는다

여 생활함으로써 남은 사람들은 돌아가신 분이 지켜주고 있다는 것을 실감했을 것이다.

필자는 2015년에 강사로 있는 릿쿄 세컨드스테이지대학(Rikkyo Second Stage College)*의 수강생을 대상으로 '보쓰이치모임(ぼついち會)'을 결성했다. 보쓰이치는 배우자와 사별한 사람을 말하는데, 이혼 경험자를 일컫는 바쓰이치(バツいち)에 대응하는 말이다. 사별의 슬픔을 나누는 모임은 많이 있지만, 같은 경험을 가진 사람들이 즐겁고 긍정적으로 살아갈 생각을 하는 장(場)이 없다는 것을 깨달아 결성하게 되었다. 배우자와 사별해 혼자 살게 된 노인들은 세상 사람들로부터 '가엾다', '안쓰럽다'고 여겨지기 십상이다. 그러나 부부가 동시에 사망하지 않는 한, 어느 한쪽은 혼자 남게 되는 것임에도 배우자의 사별을 남의 일처럼 여기는 사람들이 의외로 많은 것에서 문제의식을 느꼈다.

보쓰이치모임에서 화제가 되는 것은 "사망한 배우자의 친족과 어떻게 교류를 하고 있는가?", "사망하고 나서 언제 유품을 정리했는가?"라는 것에서부터 "사망한 배우자가 꿈에 보이는가?", "불단에 매일 밥을 올리는가?" 등 여러 가지이다. 같은 모임의 회원끼리만 나눌 수 있는 화제가 많은데 이것도 망자

* 릿쿄 세컨드스테이지대학은 2008년 4월에 릿쿄대학이 50세 이상의 시니어를 위해 설립한 배움의 장이다.

와 마주하는 또 하나의 기회가 아닐까 생각한다.

죽음이란 무엇인가

이 세상에 태어난 이상 죽음은 숙명이라고 하지만 본래 죽음이란 무엇인가? 여기서는 ① 생물적인 죽음, ② 법적인 죽음, ③ 문화적인 죽음, ④ 사회적인 죽음의 4가지 관점에서 죽음이란 무엇인지에 대해 생각해보고 싶다.

우선 생물적으로 죽음은 생활기능이 정지된 상태를 말한다. 인간의 죽음은 지금까지 ① 심장이 정지한다, ② 호흡이 정지한다, ③ 동공이 열린다 등의 기준으로 판정되어 왔다. 그러나 법적으로 사망했다고 하는 순간이 반드시 생물적인 죽음과 일치하는 것은 아니다.

일본에서는 1997년의 장기이식법 성립을 계기로 법적인 죽음에 대해 이중적인 기준이 생겼다. 뇌사로 인한 장기 제공을 전제로 하는 경우에는 '뇌사=죽음', 제공하지 않는 경우에는 '심장정지=죽음'이다. 뇌사로 인해 장기 제공을 하는지의 여부를 기준으로 죽음으로 간주되는 순간이 사람에 따라 달라지는 것은 매우 이해하기 힘들다. 뇌사로 인해 장기를 제공하는 경우에는 심장이 뛰고 있어도 뇌기능이 정지하면 그 사람은 죽은 것이 된다.

죽음과 장례의 의미를 묻는다

장기 제공을 전제로 하지 않는 경우에는 심장정지가 죽음이라고 해도 법적인 죽음과 생물적인 죽음은 다르다. 예를 들어 암으로 투병한 보람도 없이 심폐정지가 되어도 유족이나 본인이 심폐소생조치를 원한다면 살아 있다고 간주되지만, 소생을 시도하지 않는 경우에는 그 시점이 사망한 것이 된다.

또한 일본에서는 생물적, 법적으로 사망해도 물이나 밥을 올리거나 철야를 하거나 말을 거는 등 화장하여 유골이 되기까지 살아 있는 사람처럼 망자를 다루는 풍습이 있다. 이것은 아시아 각국의 공통된 감정이다. 유골이 된 후에도 불단이나 영정, 묘에 고인이 좋아했던 음식을 바치거나 말을 걸거나 하는 사람이 많이 있다. 일본에는 망자가 이 세상에 돌아와 망자와 산 자가 잠시 동안 시간을 함께 보내는 오봉이라는 풍습도 있다. 이런 점에서 일본에서는 문화적으로 사람은 죽지 않는다고도 할 수 있다.

사회적으로 죽게 하지 않는다

생전의 고인을 가끔 생각해 주는 친구나 가족이 있는 한, 사회적으로 죽지 않는다고 생각할 수도 있을 것이다. 역사상 인물이나 문호 등은 그 위업이 후세에까지 전해지기 때문에 사회적으로 불사신이라고 해석할 수도 있을 것이다.

사람은 누구나 예외 없이 육체적인 수명을 다한다. 그렇지만 소중한 사람이 생물적, 법적으로는 사망해도 '산 자를 지켜주는 존재'로 여김으로써 망자는 남겨진 사람에게 살아가는 원동력이 되어온 것이 아닐까?

사회적으로 죽게 하지 않는다는 의식이 죽음을 애도하고 고인을 조문하는 감정으로 이어진다. 한편 살아 있다고 해도 사회적으로 고립된 상황에 놓여 있는 사람들이 증가하는 것은 향후 일본에 커다란 문제가 될 것이다. 제4장에서 언급한 바와 같이 혼자 사는 남성 고령자 중 누군가와 대화하는 시간이 2주에 1회 이하라는 사람은 6명에 1명이다. 2주 동안 한 번도 전화도 오지 않고 방문하는 사람이 없는 등 사회적으로 고립된 사람은 사망하면 시신 발견이 늦어질 가능성이 높다. 그뿐만 아니라 시신이 발견된 후에도 조문하는 사람이 없을 수 있다. 도쿄도에서는 신원이 파악되지 않는 시신이 1년에 약 100구이고, 요코스카시에서도 10년 전부터 인수할 사람이 없는 유골이 급증하고 있다고 한다(제4장 참조). 생전에 교류 관계가 없었다면 사망해도 죽음을 애도할 사람은 없다.

주변에 끼치는 수고는 폐가 아니다

앞에서 언급했듯이 본인이 죽었다는 것을 스스로 인식할 수 있는 사람은 없다. 그러나 우리들은 죽는다는 것이 어떤 의미인지 타인의 죽음을 통해서 알고 있다. 사람이 죽으면 어떻게 유골이 되는지, 그 후에 어떻게 납골되고 공양을 받는지도 알고 있다.

우리들은 그런 경험을 통해 어떤 죽음을 맞고 싶은지, 어떤 장례식을 하고 싶은지, 어떤 묘에 납골되고 싶은지(또는 어떤 묘에는 납골되고 싶지 않은지)를 생각하지만 아무리 자신이 생전에 생각하고 준비해 두어도 그대로 잘 실행되었는지 본인이 확인할 수는 없다.

종활을 하려고 하는 많은 사람들은 "가족에게 폐를 끼치고 싶지 않다", "돈을 들이고 싶지 않다"라고 생각한다. 그러나 어느 누구도 늙고, 병들고, 죽음을 향해 가면서 자립하지 못할 때에는 타인의 손을 빌리지 않을 수 없다.

장례식이나 묘도 마찬가지다. 과거에는 가족이나 친족, 마을 사람들 모두가 장례식을 도왔지만, 이웃과의 교류도 싫고 친척 간 교류도 귀찮다는 풍조가 생겨났다. 그러나 이제는 가족만으로는 장례식을 할 수가 없기 때문에 장의사에게 모든 것을 맡기게 되었다. 외부 서비스에 의뢰하면 당연히 금전적으로 부담이 된다. 자립하지 못하게 된 상태에서 가족에게 부담을 주지 않고 돈도 들이지 않겠다는 것은 이상적일지 모르지만 현실적이지는 않다.

그렇다면 주변에 끼치는 수고를 폐라고 여기지 않도록 하는 방법을 생각하는 것이 좋다. 많은 사람은 소중한 사람에게 베푸는 수고를 폐라고는 생각하지 않을 것이다. 수고와 폐는 같지 않다. 누구를 위한 수고인지에 따라 폐가 될 수도 있고 되지 않을 수도 있다.

시마네현 오키제도(隱岐諸島)에 있는 니시노시마초(西ノ島町)의 미타(美田), 우라고(浦郷)라는 두 개 마을에서는 매년 망자의 영혼을 실은 정령선(精靈船)을 띄워 보내는 오봉행사를 하고 있다. 마을마다 짚으로 엮은 받침대에 색지를 묶은 대나무를 꽂아 정령선을 만든다. 8월 16일 아침에 마을 중학생들이 조상에게 바칠 공양물과 함께 정령선을 실은 어선에 올라탄다. 이 행사에서는 아이들이 매우 중요한 역할을 담당한다.

오봉이 가까워지면 정령선을 만들거나 정령선을 운반할 배를 준비하는 등 마을 사람들은 바쁘다. 마찬가지로 나가사키(長崎)나 사가(佐賀) 등에서도 이와 같은 배를 만들어 행진하는 행사를 하는데, 원칙적으로는 1년 이내에 가족이 사망하고 나서 첫 오봉을 맞는 가정만이 참여한다. 그러나 니시노시마초에서는 이와 상관없이 마을 사람들이 공동으로 정령선을 만드는 것이 특징이다. 니시노시마초에서는 이 행사를 통해 주민 간 결속을 도모해 왔다고 한다.

마을 사람 모두가 망자를 조문하는 관습은 해외에도 있다. 최근 말레이시아에 있는 친구가 뇌경색으로 쓰러져 의식불명인 상태에서 병원으로 이송되었다. 일본에서 연락을 받은 필

죽음과 장례의 의미를 묻는다

장례식에 모인 사람들. 쿠알라룸푸르(Kuala Lumpur)

자는 황급히 시간을 내어 1박으로 병문안을 갔다. 도착했을 때
는 의식이 돌아와 친구와 대화를 할 수 있었지만, 다음 날 뇌
의 붓기가 빠진 후 수술 중에 호흡곤란으로 돌연히 사망했다.

　고인과는 25년 전에 공무로 말레이시아에 파견된 이후, 국
적이나 종교, 문화는 다르지만 연령이 비슷해 형제나 다름없
이 지내는 사이였다. 고인의 가족은 무슬림이어서 관습상 사
망 후 늦어도 24시간 이내에 매장하기 때문에 필자는 급히 현
지로 갔다.

　시신이 안치된 모스크에는 평일 오전임에도 불구하고 많은
사람들이 마지막 작별을 하기 위해 모여 있었다. 고인의 경우
는 전날 점심시간이 지나서 사망했기 때문에 다음 날 아침에
매장이 되었다. 이른 아침에 사망하면 당일 저녁에 매장하기
도 하는데 어떤 경우라도 모두가 개인의 일정을 조정하고 달

려온다고 한다.

필자는 고인 가족이 잊지 않고 매번 연락을 해준 것이 매우 고마웠다. 항공료는 들었지만 그래도 생전의 마지막 순간에 대화를 나누고 이별도 고할 수 있어서 정말 다행이라고 생각하고, 그런 기회를 마련해 준 고인의 가족에게 매우 감사하고 있다.

비슷한 광경을 힌두교도가 많은 인도네시아의 발리섬에서도 본 적이 있다. 마을에서 사망자가 발생하면 마을 주민이 총출동하여 화장을 도와준다. 발리에서는 마을의 종교의례를 '반자르'라는 지역공동체 조직이 담당하고 화장 준비도 고인이 속해 있던 반자르의 회원이 한다. 반자르는 인도네시아 전통 음악인 가믈란 연주 그룹과 다양한 댄스 그룹을 갖추고 있어 마을의 종교의례는 모두 현지 회원만으로도 수행할 수 있다. 따라서 장의사에 의뢰할 필요가 없어서 장의사 자체가 존재하지 않는다.

화장을 하려면 돈이 많이 들기 때문에 일단 시신을 묻고 가족이 열심히 자금을 모은 후 시신을 파내 화장을 하는 것이 일반적이다. 최근에는 3~5년마다 마을 단위로 합동 화장이 의무로 되어 있어, 개별로 화장할 자금이 없는 경우에는 몇 명의 유족이 합동으로 화장을 한다. 사람이 사망하면 막대한 비용과 마을 사람들의 수고가 필요하지만, 발리섬에서는 그것을 폐라고 생각하는 사람은 없는 듯하다. 이는 "사람은 누구나 죽

죽음과 장례의 의미를 묻는다

마을 사람들이 총출동해서 시신을 화장하러 가는 행렬(발리섬)

고 모두가 함께 보내는 것이 당연하다"라는 것이 많은 사람들
의 공통적인 생각이기 때문이다.

행복한 죽음이란

이와는 대조적으로 일본에서는 사회 안에서 고립되는 사람
들이 증가했다. 타인과 관계를 맺는 것이 번거롭다고 해서 거
부하는 사람들도 적지 않다. 살아 있는 동안 관계를 맺은 사람
이 적다면 사망했을 때 장송하는 사람이 없어도 이상하지 않

다. '폐를 끼치고 싶지 않다'며 타인이 자신이나 가족의 죽음에 관여하는 것을 거부하는 사람도 있다.

우리들은 사회 안에서 살고 죽지만 사회는 서로 도움을 주고받음으로써 성립한다. 서로 돕는 공조가 필요 없다면 자립하지 못할 때 공적인 제도에 의지할 수밖에 없다. 일본에서는 사망한 후 시신을 인수할 사람이 없으면 행정이 책임지고 화장하도록 되어 있기 때문에 시신이 발견되기만 하면 방치되는 일은 있을 수 없다. 유골은 공영 묘지의 무연묘에 납골되든지 지자체와 계약한 절이나 장의사 등에 맡겨진다.

그러나 공적인 제도에 의지하는 것이 본인의 입장에서 행복한 죽음일까? 본인은 사망했기 때문에 행복하다고 느낄지 알 수는 없지만, 우리들은 사람과 사람과의 관계성 안에서 행복을 느끼는 경향이 있다.

필자는 2011년에 행복도에 관한 조사를 한 적이 있다. 그에 따르면 '건강', '경제적 여유', '가족관계'가 행복의 조건이라고 생각하는 사람이 많았다. 그렇지만 나이가 들수록 건강 상태는 악화되고 가족과의 관계도 변질된다. 게다가 평균 이상의 경제적 여유를 누리는 것이 행복도의 상승으로 직결되지는 않았다. 그보다는 오히려 주변에 신뢰할 수 있는 사람이 있고, 사회나 주변 사람들에게 도움이 되는 일을 할 때 행복도가 높아지는 것으로 나타났다.

본인이 원해서 사회와 인연을 끊고 싶다면 그 의사를 존중

죽음과 장례의 의미를 묻는다

해야 하겠지만, 자신의 존재를 걱정해 주는 사람이 없고 설령 있어도 그것을 실감할 수 없다는 고독감은 고통스럽다. 나이가 들거나 병에 걸렸을 때는 더욱더 그렇다. 가족이 있는데도 며칠이나 병문안도 안 오고, 온종일 병원 천장을 바라보며 지내는 환자의 고독은 헤아리고도 남는다. 시설 안에서의 이러한 문제는 자택에서의 고독과는 달라 드러나기 어렵다.

생활이나 간병을 맡아오던 가족이 돌연사하여 남겨진 장애자나 고령자가 도움을 요청하지 못하고 죽는 경우도 이어지고 있다. 문제는 누구나 힘들 때 주변 사람이나 사회에 지원이나 SOS를 요청하기 쉬운 환경이 정비되어 있지 않다는 점이다.

사회가 목표로 해야 하는 것은 고독사나 고립사의 불안을 무턱대고 자극하는 것이 아니다. 누구도 죽는 방법을 선택하지는 못하지만, 가능한 한 빨리 이변을 알아차릴 수 있는 체제를 갖출 수는 있다. 만일의 경우에 대비한 안전망인 제도나 시스템이 있어도 사람과 사람의 네트워크가 없으면 작동하지 않는다.

사람과 사람의 유대나 관계성은 저절로 만들어지지 않으며 서로의 단점도 수용하는 상호 네트워크이다. 이것은 혈연, 지연, 직연(職緣)에 한정되지 않는다. 자주적인 '인연 만들기' 활동을 통해 조성되는 관계성 속에서 살아 있는 기쁨을 실감할 수 있다면, 결과적으로는 아무도 죽음을 알아차리지 못하는 극단적인 고립사는 감소할 것이고 아무도 슬퍼해 줄 사람이 없는 죽음은 줄어들지 않을까? 죽는 순간이나 사후의 무연이 문제가 아니라, 살아 있는 동안의 무연을 방지하지 않는다면 모두가 안심하고 죽을 수 있는 사회는 실현되지 않을 것이다.

장례식과 묘의 무형화의 향방

장례식이나 묘는 죽은 사람과 그를 보내는 남겨진 사람의 쌍방이 없으면 성립되지 않는다. 고인을 소중하게 생각하는 유족이 없다면, 장례식은 시신 처리만으로 충분하고, 묘도 유골을 안치할 장소가 있으면 그것으로 충분할지 모른다.

실제로 "죽은 후의 일은 어찌되든 상관없다", "유골은 버려 달라"라고 공언하는 사람이 적지 않다. "자신은 죽으면 무(無)로 돌아간다"라고 생각하면 사후의 일은 어찌되든 상관없다.

그러나 공중위생의 관점에서는 시신을 그대로 방치할 수 없다. 누군가가 화장장으로 옮겨 화장을 하지 않으면 안 되고 고인의 희망이라도 유골을 버리면 사체유기죄로 고발당할 수 있다. '화장장에서 유골을 가져오지 않으면 괜찮지 않을까'라는 의견도 있다. 그렇다면 화장장에 두고 온 유골은 어디에 보관해 두는가? 앞에서 언급했듯이 지자체가 운영하는 무연묘에 납골될 수도 있는데, 그렇다면 보관에 드는 비용은 누가 부담하는가? 당연히 세금이 투입된다. 장례식이나 묘에 돈을 들이고 싶지 않고, 가족에게 폐를 끼치고 싶지 않다는 이유로 유골

죽음과 장례의 의미를 묻는다

을 화장장에 두고 온다면 어떻게 될까? 만약 일본에서 많은 사람이 그렇게 하기를 원한다면 스웨덴처럼 모든 사람에게 '장례세'를 징수하는 것도 하나의 대안이 될 것이다.

한편 누구라도 소중한 사람이 사망하면 슬프다거나 살아갈 기력을 잃어버렸다는 감정을 갖기 마련이다. 그러한 소중한 사람이 혈연자에 한정되지는 않을 것이다. 또한 누군가 죽으면 자기 몸이 잘려나갈 정도로 슬픔을 느낄 사람이 있는지, 반대로 자기 자신이 죽은 후 슬퍼하거나 그리워해 줄 사람이 있는지도 문제이다.

장례식이나 묘가 무형화해도 남겨진 사람에게 고인을 회상하는 장치나 기회가 있으면 문제는 없다. 그렇다면 장례식이나 묘를 대신할 수 있는 장치나 기회는 어디에 있고, 누가 관리해야 하는가?

장제업자는 의례와 의식의 중요성을 말하지만, 장례식의 간소화에 제동이 걸리지 않는 하나의 이유는 많은 사람이 그 필요성을 느끼지 않기 때문이다. 실제로 화장만으로 끝냈다고 해서 유족이 고인을 소홀히 한 것은 아니다. 오히려 조문객의 접대로 분주한 것보다는 사망 이후 화장에 이르기까지의 마지막 시간을 시신과 함께 차분하고 여유 있게 보낼 수 있어서 만족하는 유족이 적지 않다. 이런 시간을 통해 유족이 그 죽음을 자연스럽게 수용할 수 있다면 오히려 바람직할 것이다.

그러나 고인의 시신을 사망한 병원에서 곧바로 안치 시설이나 화장장이 딸린 영안실로 보내고 가족들은 화장할 때만 입회한다면 고인과 함께 보내는 마지막 시간은 없다. 그래도 된다고 생각하는 관계성에 대해서는 생각해 볼 필요가 있지 않을까? 상대는 사망했기 때문에 시신과 함께 보내는 시간이 무의미하다고 생각할 수도 있겠지만, 유족들이 고인과 마지막 시간을 함께 보내고 싶다고 생각하느냐에 따라 그 의미는 달라질 것이다.

사람과 사람과의 관계 속에서

망자는 언젠가 잊힐 존재이기에 남겨진 사람들 사이에서 기억되지 않아도 괜찮다는 사람이 있을지 모르겠다. 그럴 경우에는 남겨진 사람들 사이에서 '망자는 극락정토에 갔다', '별이 되었다', '저승에서 지켜보고 있다' 등과 같이 사후의 영혼이 갈 곳이 필요하게 된다. 죽으면 아무도 기억해 주지 않고 살았던 흔적도 없이 무(無)가 될 뿐이라면 사는 것 자체가 허무하지 않을까? 종교적인 내세관을 갖지 않는 사람이 늘어가는 현대의 일본에서는 망자는 남겨진 사람들의 기억 속에서 계속 살아 있을 수밖에 없다. 그런 의식이 있다면 장례식이나 묘의 무형화는 아무런 문제도 되지 않는다.

그러나 요즘 벌어지고 있는 장례식이나 묘의 무형화 현상은 망자와의 유대가 없기 때문에 생긴 것이다. 이는 사회에서 사람과 사람과의 관계가 소원해지고 있다는 표출이기도 하다. 그렇게 생각하면 장례식이나 묘의 무형화는 서로 신뢰하고 공조 의식을 갖는 인간관계를 쌓지 않는 한 점점 더 심각해질 것이다.

앞에서 언급했듯이 사람은 사람과의 관계성 속에서 삶의 의미를 찾고 행복을 느끼는 경향이 있다. 자립할 수 있는 동안은 스스로 자기 일을 책임질 수 있지만, 개호가 필요해지고 나서는 사망 후의 장례식이나 묘에 관해 모든 것을 혼자서 처리할 수 없다. 장례식이나 묘를 불필요하다고 생각할 것이 아니라, 부탁할 수 있는 사람을 찾아 신뢰 관계를 쌓아두는 것이야말로 건강할 때 우리가 할 수 있는 자조 노력이고 생전 준비인 것은 아닐까?

필자는 매스컴으로부터 "어떤 장례식이나 묘를 원하십니까?"라는 질문을 자주 받는데 그럴 때마다 "생각한 적이 없습니다"라고 답한다. 몇십 년 후에는 사회 상황이나 나의 생활환경도 바뀔 것이므로 지금 생각해 두어도 소용없기 때문이다. 혹시라도 갑자기 사망하는 경우가 생길 수 있어서 이에 대비해 사후를 부탁할 사람을 정해놓고 그 당사자들에게 평소에 당부하고 있어 지금으로서는 아무 걱정이 없다.

누구와 어떤 곳에 납골되어도 상관없기 때문에 묘는 남은 사람들이 알아서 해주면 좋겠고, 사후 몇 년 동안은 가끔 나를 기억해 줄 것이라고 일방적으로 믿는 동료도 있다. 주변 사람들에게는 부담을 줄지도 모르겠지만 어떻게든 해줄 것임이 틀림없다고 믿기 때문에 나는 사후에 대한 불안이 전혀 없다.

현재 필자는 20년 이상 교류하고 있는 연상의 친구에게 부탁을 받아 임대아파트의 신원 인수인(금전적인 보증인이 아니라 고립사할 경우의 시신 인수인)으로 되어 있다. 사망 후 며칠이나 지나서 발견되는 일이 없도록 가끔 메일로 안부를 확인하고 식사를 하기도 한다. 그는 경제적으로는 여유 있는 생활을 하고 있지만 돈이 있다고 사후도 안심할 수 있는 것은 아니다. 누구도 어떤 죽음을 맞을지 알 수 없지만, 사후를 맡길 누군가가 있다는 안도감은 틀림없이 노화나 죽음에 대한 불안을 완화시켜줄 것이라고 믿고 있다.

물론 어디서 어떤 개호를 받을지, 어떤 장례식이나 묘로 할지 생각하는 것은 중요하다. 그렇지만 아무리 생각하고 준비해 두어도 본인 스스로가 할 수 없는 이상 부탁할 누군가를 찾아 그 사람을 신뢰하는 편이 건설적이다. 그렇게 사람과 사람의 신뢰 관계가 구축된다면 장례식이나 묘는 무형화하지 않을 것이고, 무형화한다 해도 죽는 사람에게 사후 안녕이 생전에 보장된다면 그 자체는 문제가 되지 않을 것이다. 사람은 살아온 대로 죽는다고 흔히 말하지만, 현대의 장례식이나 묘의 형태는 바로 사회의 축소판이 아닐까 생각한다.

죽음과 장례의 의미를 묻는다

주요 참고문헌

堀一郎. 1951. 「我国に於ける火葬の民間受容について(要旨)」. 日本宗教学会.
≪宗教研究≫, 127.

森謙二. 2000. 『墓と葬送の現在』. 東京堂出版.

大江スミ. 1982. 『復刻家政学叢書』7. 第一書房(大江スミ. 1917. 『応用家事教
科書』下巻. 東京宝文館).

嘉悦孝子. 1982. 『復刻家政学叢書』6. 第一書房(嘉悦孝子. 1916. 『家政講話』.
婦人文庫刊行会).

ウラジーミル・ジャンケレヴィッチ. 1978. 『死』. 仲澤紀雄訳. みすず書房.

碑文谷創. 2003. 『死に方を忘れた日本人』. 大東出版社.

碑文谷創. 2006. 『新・お葬式の作法』. 平凡社新書.

井上治代. 2017. 『墓と家族の変容(岩波オンデマンドブックス)』. 岩波書店.

山田慎也. 2007. 『現代日本の死と葬儀』. 東京大学出版会.

高橋卓志. 2009. 『寺よ、変われ』. 岩波新書.

후기

장례식이나 묘, 죽음을 맞는 방법 등 내가 죽음에 관련된 연구를 시작한 지 25년이 지났다. 그 당시 "이런 연구를 하고 싶다"라고 소속되어 있는 연구소에 신청했더니 상사나 주변 사람들은 한결같이 "그 연구의 의의를 모르겠다"라며 크게 반대했다. "자신의 장례식이나 묘를 어떻게 하고 싶은지를 생각하는 사람이 있을 리가 없다"라며 연구를 단념하도록 조언을 하는 사람도 있었다.

필자가 연구를 시작한 1990년대 초까지는 죽음에 관한 생각이 불길하고, 그런 것은 사후에 가족이 생각하면 되는 문제라고 여겼기 때문이다.

그러나 최근 20년 동안 자신의 죽음을 생각한다는 것에 대한 사회적 분위기가 크게 바뀌었다.

'종활'이라는 단어를 들은 적이 없는 고령자는 소수일 것이고, 지자체나 고령자시설에서 엔딩노트를 독자적으로 만들어 배포하는 일도 드물지 않다. 장의사 등이 주최하는 종활 이벤트에서 실제로 관에 들어가 보는 '입관체험'은 참가자들에게 매우 인기가 있다. 결혼식장을 결정할 때처럼 장례식장에서는 접대 음식의 시식회나 모의 장례식이 실시되어 많은 고령자가 몰

죽음과 장례의 의미를 묻는다

려든다. 1990년대까지는 장의사가 적극적으로 영업을 한다는 것은 생각할 수도 없었는데, 이제는 전철이나 버스뿐만 아니라 TV나 라디오, 신문에서도 장의사나 묘지 광고를 접할 수 있다.

고인에게 자녀가 있는지, 재산이 있는지, 어떻게 죽었는지가 인생의 좋고 나쁨을 결정하는 것은 아니다. 그 사람이 주변 사람들과 얼마만큼 친분을 맺어왔는지가 앞이 불투명한 미래에 대한 불안을 경감해 주는 중요한 요소가 될 것이다. 이것은 지금까지 여러 사람들의 노화와 죽음을 보아온 경험에 근거한 신념이다.

그런 의미에서 최근 혈연을 초월한 공동묘나 생의 마지막 거처로서의 고령자주택 등 새로운 공동성 안에서 노화나 죽음을 서로 지원하는 시스템이 생겨나고 있는 것은 바람직하다고 생각한다.

나는 이 책에서 "장례식이나 묘는 중요하다"라든지 "장례식이나 묘가 소멸하는 것은 어쩔 수 없는 시대의 추세이다"라고 말하고 싶었던 것이 아니다. "장례가 무형화되어 가는 사회는 우리들에게 행복한 것인가?"라는 문제를 제기하고 싶었다. 이 책을 읽으신 분들에게 이 책이 주변 사람들과의 인간관계를 되돌아보는 계기가 된다면 좋겠다.

최근 25년간 일본뿐만 아니라 해외 여러 곳의 장례 현장을 돌아보았다. 가족여행 중임에도 싫은 내색을 하지 않고 그 현장에 동행해 준 가족에게 감사의 마음을 전한다.

6년 전 남편이 취침 중에 심장정지로 돌연 사망했다. 이 세상에 태어난 이상 모든 사람에게 죽음은 평등하게 찾아오지만, 그것이 예고 없이 찾아올 수도 있다는 것을 남편의 죽음을 통해 몸소 깨달았다. 이 죽음을 헛되이 하지 않기 위해서도 모두가 안심하고 늙고 죽을 수 있는 사회는 어떠해야 하는지에 대해 나는 앞으로도 연구를 계속해 나갈 것이다.

본인은 현재 과학연구비 조성으로 '무연화하는 사회의 장송묘제(葬送墓制)와 공적 지원에 관한 기초적 연구'와 '현대 일본에서의 사자의례(死者儀禮)의 향방—산 자와 죽은 자의 공동성 구축을 목표로'라는 공동 연구에 참여하고 있다. 민속학, 종교학, 역사학 등 필자와는 연구 분야가 다르지만, 장송과 관련된 분야의 공동 연구자 선생님들로부터 많은 시사를 받았다.

이 책은 필자의 지금까지의 조사와 연구를 집대성한 것이기도 하다.

마지막으로 2000년에 필자가 출판한 『변화하는 장례식, 사라지는 묘』를 편집해 주신 이와나미쇼텐(岩波書店)의 사카모토 준코(板本純子) 씨가 이번에도 이 책을 담당해 주셨다. 이러한 인연에 진심으로 감사드린다.

2017년 6월

고타니 미도리

　　　　　　　죽음과 장례의 의미를 묻는다

지은이 _ 고타니 미도리(小谷みどり)
일본 제일생명경제연구소 수석연구원을 역임했으며, 현재 시니어생활문화연구소
소장이다. 생활설계론, 사생학(死生学), 장송문제를 전공했으며 대학에서 생활경
영학, 사생학 등을 가르치고 있다. 저서로는 『변화하는 장례식, 사라지는 묘(変わ
るお葬式, 消えるお墓)』, 『누가 묘를 지킬 것인가(だれが墓を守るのか)』, 『혼자
서 준비하는 종활(ひとり終活)』, 『지금부터 알아두어야 할 장례와 묘(今から知っ
ておきたいお葬式とお墓45のこと)』 등이 있다.

옮긴이 _ 현대일본사회연구회
한국방송통신대학교 일본학과 졸업생들로 구성된 일본연구회이다. 깨어 있는 보통
시민의 시각에서 일본 사회를 탐구하는 연구 모임으로, 책을 읽고 자료를 찾아 토론
하기를 좋아하는 평범하면서도 결코 평범하지 않은 시민들이 연구회의 핵심 멤버
이다. 중년이 넘어 문화해설사나 문해 강사, 한국어 강사, 통역사, 자원봉사활동 등
으로 자기 분야를 개척하고, 우리 사회의 발전에 도움이 되고자 노력하는 열정적인
여성들로 구성되어 있다.

정현숙
연세대학교 사회학과 졸업
일본 도쿄대학 대학원 인문사회계연구과 졸업(사회학 석사·박사)
현재 한국방송통신대학교 일본학과 교수

김수인
한국방송통신대학교 일본학과 졸업(학사)
한국방송통신대학교 대학원 일본언어문화학과 졸업(석사)
현재 일본어 통역 안내 및 비즈니스 통역

김순한
한국방송통신대학교 일본학과 졸업(학사)
한국방송통신대학교 대학원 일본언어문화학과 졸업(석사)

김혜숙
한국외국어대학교 대학원 일본학과 졸업(일본학 석사)
한양대학교 국제학대학원 일본학과 졸업(국제학·일본학 박사)
현재 한국방송통신대학교 일본학과 강사

서정숙
한국방송통신대학교 일본학과 졸업(학사)
한국방송통신대학교 대학원 일본언어문화학과 졸업(석사)
현재 서울시 문화관광해설사(일본어)

윤자영
한국방송통신대학교 일본학과 졸업(학사)
한국외국어대학교 대학원 일본학과 졸업(일본학 석사)
현재 한국방송통신대학교 일본학과 TA조교

이강녀
경희사이버대학 한국어문화학과 졸업(학사)
한국방송통신대학교 대학원 일본언어문화학과 졸업(석사)
현재 서일대학 외국어교육원 한국어 강사, 중학교 일본어 강사

이경임
한국방송통신대학교 일본학과 졸업(학사)
현재 건국대학병원 간호본부 근무
시각장애우 녹음봉사 등 각종 자원봉사활동

이진숙
경희사이버대학 한국어문화학과 졸업(학사)
한국방송통신대학교 대학원 일본언어문화학과 졸업(석사)
현재 고강복지관 문해 강의 및 부천 이주민센터 한국어 강사

이혜섭
한국방송통신대학교 일본학과 졸업(학사)
경희사이버대학 한국어문화학과 졸업(학사)
현재 서울시 문화관광해설사(일본어), 성동문화원 문해 강사, 아름다운 이야기할머니

한울아카데미 2168

죽음과 장례의 의미를 묻는다

고독사 시대에 변화하는 일본의 장례문화

지은이　**고타니 미도리**

옮긴이　**현대일본사회연구회**

펴낸이　**김종수**

펴낸곳　**한울엠플러스(주)**

책임편집　**김다정**

초판 1쇄 인쇄　**2019년 7월 15일**

초판 1쇄 발행　**2019년 7월 25일**

주소　**10881 경기도 파주시 광인사길 153 한울시소빌딩 3층**

전화　**031-955-0655**

팩스　**031-955-0656**

홈페이지　**www.hanulmplus.kr**

등록번호　**제406-2015-000143호**

ISBN　978-89-460-7168-1 93380(양장)

　　　　978-89-460-6677-9 93380(무선)

Printed in Korea.

* 책값은 겉표지에 표시되어 있습니다.